新时代高校思想政治教育
面临的问题及解决路径探析

XINSHIDAI GAOXIAO SIXIANGZHENGZHI JIAOYU
MIANLIN DE WENTI JI JIEJUE LUJING TANXI

吴少华 | 著

经济管理出版社
ECONOMY & MANAGEMENT PUBLISHING HOUSE

图书在版编目（CIP）数据

新时代高校思想政治教育面临的问题及解决路径探析/吴少华著.— 北京：经济管理出版社，2019.6
ISBN 978-7-5096-6651-7

Ⅰ.①新… Ⅱ.①吴… Ⅲ.①高校学校—思想政治教育—研究—中国 Ⅳ.①G641

中国版本图书馆 CIP 数据核字 (2019) 第 117610 号

组稿编辑：高　娅
责任编辑：高　娅
责任印制：黄章平
责任校对：赵天宇

出版发行：经济管理出版社
（北京市海淀区北蜂窝 8 号中雅大厦 A 座 11 层 100038）
网　　址：www.E-mp.com.cn
电　　话：（010）51915602
印　　刷：北京玺诚印务有限公司
经　　销：新华书店
开　　本：710 mm×1000 mm/16
印　　张：11
字　　数：215 千字
版　　次：2019 年 7 月第 1 版　2019 年 7 月第 1 次印刷
书　　号：ISBN 978-7-5096-6651-7
定　　价：68.00 元

·版权所有 翻印必究·

凡购本社图书，如有印装错误，由本社读者服务部负责调换。
联系地址：北京阜外月坛北小街 2 号
电　话：（010）68022974　邮编：100836

前　言

中华人民共和国成立以来，我国的思想政治教育工作经历了从传统到现代的过渡，同时面临着许多新的挑战。高校作为培养人才的摇篮，其思想政治教育工作在我国思想政治教育工作中占据着重要位置，并发挥着重要作用。一方面，高校思想政治教育工作有利于加强和改进大学生的思想政治教育，提高其思想政治素质，促使其成为中国特色社会主义事业的建设者和接班人；另一方面，高校思想政治教育工作对实现全面建成小康社会，加速中国特色社会主义现代化事业的建设进程有着重要的现实意义。然而，随着我国经济体制改革、社会转型和国内外发展形势的变化，高校思想政治教育工作面临着许多新问题、新情况。在新时代下，高校对大学生进行思想政治教育工作时，就要分析新问题，思考新情况，不断开拓高校思想政治教育的新视野，使高校的思想政治教育工作反映出时代的新特征，推进高校思想政治教育工作的时代化。对新时代下高校思想政治教育面临的问题进行研究，不仅是加强与改进新时期高校思想政治教育的必然要求，还是保持高校思想政治教育工作的生机与活力的重要支撑，对推进高校思想政治教育理论及方法的创新有着十分重要的作用。

本书在介绍高校思想政治教育相关理论的基础上，着重论述了新时代下思想政治教育的理论渊源与基本特征，分析了新时期高校思想政治教育的理论与实践依据，考察了在新时代下高校进行思想政治教育工作所面临的问题，指出了新时代下增强高校思想政治教育的指导思想及其基本原则，并试着提出了新时代下解决高校思想政治教育面临问题的工作机制和主要路径，以期为高校思想政治教育工作提供借鉴。

目　录

第一章　高校思想政治教育概述……………………………………001

　　第一节　思想政治教育的概念及功能……………………………001
　　第二节　高校思想政治教育的重要性……………………………014
　　第三节　高校思想政治教育的发展历程…………………………024

第二章　新时代全球高校思想政治教育面临的问题及成因……031

　　第一节　全球化背景下高校思想政治教育面临的问题…………031
　　第二节　全球化背景下高校思想政治教育面临的影响因素……034
　　第三节　国外高校思想政治教育的思考与借鉴…………………043
　　第四节　全球化背景下我国高校思想政治教育现状……………047

第三章　新时代我国高校思想政治教育面临的问题及成因……052

　　第一节　新时代影响我国高校思想政治教育的问题……………052
　　第二节　我国高校思想政治教育面临的形势变化因素…………057
　　第三节　新媒体对我国高教育的影响因素………………………063

第四章　新时代解决我国高校思想政治教育问题的指导思想 086

  第一节　我国高校思想政治教育的指导思想 086
  第二节　坚持中国共产党的领导 088
  第三节　强化思想政治教育的针对性 090

第五章　新时代解决我国高校思想政治教育问题的原则与依据 100

  第一节　新时代解决我国高校思想政治教育问题的原则 100
  第二节　新时代解决我国高校思想政治教育问题的理论依据 108
  第三节　新时代解决我国高校思想政治教育问题的实践依据 111

第六章　新时代解决我国高校思想政治教育问题的工作机制 113

  第一节　加强大学生思想政治教育保障机制 113
  第二节　优化大学生思想政治教育评价机制 116
  第三节　改进大学生思想政治教育环境机制 124

第七章　新时代解决我国高校思想政治教育问题的路径 131

  第一节　丰富高校思想政治教育的内容 131
  第二节　创新高校思想政治教育的方法 137
  第三节　拓展高校思想政治教育的载体 140

参考文献 156

附　　录 159

第一章　高校思想政治教育概述

我国坚持走中国特色社会主义发展道路，其精神动力和思想指引是马克思主义思想。开展马克思主义思想教育工作对我国社会发展的重要性是不言而喻的。马克思主义理论体系涵盖了马克思本人关于未来社会形态——科学社会主义的全部学说和理论。我国思想方向的稳定需要马克思主义思想教育，这对我国的思想政治教育具有重要的战略意义，同时为中国特色社会主义事业不断注入新的活力，成为我国社会不断向前发展的重要保障。党的十八大会议明确提出："把立德树人作为教育的根本任务，培养德智体美全面发展的社会主义建设者和接班人。"这一指导思想的明确提出，为我国思想政治教育指明了前进方向，也对新时代我国高校思想政治教育的理念和方法提出了新的要求。

第一节　思想政治教育的概念及功能

思想政治教育的定义与思想工作理论、政治工作理论、思想政治工作理论等概念的定义有很大不同，但又相互联系。思想政治教育的概念是由思想政治工作、思想工作理论和政治工作理论等概念引申、繁衍而来的。关于思想政治教育的理论概念的界定和它的功能，我们将从以下几方面进行具体阐述。

一、思想政治教育的概念

在对思想政治教育的理论如何去定义的问题上，学者有不同的观点。其中，有些学者认为思想政治教育是要引导人们经过思想政治教育的学习，树立正确的世界观、人生观、价值观。当然，也有很多学者认为开展思想政治教育是因为每一个人都是社会中的一部分，部分服从于整体的同时，也能够推进整体的发展。所以，思想政治教育要先对个体进行教育和指导，这样个体思想的前进与发展才能够推进整个社会思想的前进与发展，个体与社会的思想政治教育倾向与宗旨才会趋于一致。从众多学者分析的思想政治教育的观点中可以看出，思想政治教育具有鲜明的特征和内容。第一，具有强烈的政治性，思想政治教育主要针对受教育者进行马克思主义的强化教育，使每一位公民都坚定中国特色社会主义理想信念，坚持走中国特色社会主义道路。通过政治性来确保马克思主义的长期指导地位，保证我国社会主义建设事业的持续发展进步。第二，具有显著的思想性，即用国家的大政方针、理论政策，以及党和政府对中国特色社会主义事业的最新理解、最新理论对广大学生进行思想政治教育，保证受教育主体更加认同党和国家的大政方针、政策。第三，具有明显的道德性，思想道德对整个人类社会产生深远的影响，受教育者接受过思想政治教育后，可以通过道德这根无形的线形成社会基本道德规范，约束人们、指导人们的思想及处世原则。通过对其政治性、思想性和道德性的不断增强与深化，思想政治教育就会为我们的社会主义事业建设培养出大量的人才。

20 世纪 70 年代以来，尤其是进入 21 世纪以来，随着时代的发展和科技的不断进步，现代传媒技术迅猛发展，同时促进了人类社会思想的进步，社会各个阶层的思想呈现出一种百花齐放的发展态势。与此同时，外来的思想文化也在影响着人们的价值观念。瞬息多变的思想文化环境容易让人们陷入多种价值选择且易迷失自我的困境中，正是这种困境对我国思想政治教育提出了新的挑战。新形势下的思想政治教育在政治性、思想性和道德性等多个方面要求我们与时俱进、不断创新，在理论和实践层面上找到新的突破口，即在原来理论的基础上逐渐形成新的高校思想政治教育形式。

思想工作就是更改人们对于某一类事物的见解和意见，用引导与沟通的方式来达到特定的目标，且思想政治教育的施教者认为这一目标是正确无误的思想，是受教育者需要理解和认识并学习的重要思想。进行思想工作所采取的主要方式就是说服，即"摆事实，讲道理"。思想工作包括很多方面，小到普通到不能再普通的柴米油盐居家过日子，大到国家和政府制定的方针政策。思想工作更多的是不同人之间的思想相互碰撞，迸发出灵感与火花。方式多种多样，可单个对单个，可单个对多个，也可多个对单个、多个对多个。思想工作的存在对文化的传播具有十分重要的作用，但是思想工作对思想发展基本上没有特别的限制。思想工作主要是帮助同社会发展不符或者是与自身发展不符的行为个体。

就政治工作而言，为了贯彻落实国家意志的宗旨和目标，必须明确地、有组织、有纪律地对人民开展长久的政治工作。为了保证国家所有的工作都可以有序、正常地开展并且有好的发展方向，必须开展政治工作，既包括思想上的指引，也包括具体方针政策的实施。此外，政治工作还具有强制性特征，对国家发展有利的政策与方针会被强制实施，这有利于国家的安定与繁荣。如果在现实生活中能切实落实政治工作，那么政治工作所具有的监督作用就会很好地显现，一旦发现有害于国家或人民的思想和行为，就能够立刻被更正。

思想工作和政治工作整合在一起形成了思想政治工作。两者相互影响、相互交融，思想性工作中体现着政治性工作，政治性工作中体现着思想性工作。党的意识形态内容的具体落实体现在生活中的方方面面，这样就会让社会个体和社会主流思想相融合，充分展现每个社会个体自身的生产力，进而推动整个社会的进步。

思想政治教育和思想政治工作含义有相同之处，又不完全相同。思想政治教育着重于体现在对人具有深刻影响的教育以及对人的积极指引方面。思想政治工作则侧重于其工作方面的特征，一定要老老实实做完设定的工作与目标。思想政治工作的开展要有组织，并且可以量化，帮助人们对社会主流思想和占主流地位的意识形态进行深入理解，帮助社会人群建立精准的人生观、世界观和价值观。

张耀灿先生和陆庆仁先生对于思想政治教育的概念各抒己见。张耀灿先生认为，思想政治教育要从社会实践活动的角度出发，使人们的思想品德与思想政治教育相吻合，人们的行为活动符合社会、阶级的需要，人们要有正确的思想观念、政治理念与道德规范，并且要有计划、有目的、有组织地影响他人。陆庆仁先生则认为，实施社会实践活动，可以转变人们的思想，指导人们的行动，对人们的思想意识进行有目的的影响，借此来实现一定的政治目标。以上观点，是依据思想政治教育的过程而提出的对思想政治教育的定义，他们认为思想政治教育是党和国家顺利发展的必然要求，它通过具体的措施来促进人们政治思想的产生。但是这种措施不能够反映出接受者的自身思想以及生活的需求问题，因此思想政治教育的内容要从党和国家的层面去描述。

思想政治教育产生的影响在人们自身需求同国家民族需求之间不断发展，随着时间的推移，社会不断地前进与发展。人们的需求一直存在，并在不断增加，经过统计和合理的规划后，党和国家出台了一系列有益于社会发展的方针和政策。为了符合时代进步的思想要求，就必须借助一定的手段，有计划地对人们贯彻实施思想政治教育，增加约束和引导。坚持人民是国家的主体，坚决不能动摇人民的主体地位。不同的时代背景下，人们的需求一定会有所变化，人民的需求主要是通过思想政治教育来体现的。依据中国的国情和历史背景，人们选择了马克思主义，并且不断地把马克思主义融入中国。与此同时，马克思主义自身的价值也在中国化的进程中得以实现。[1]

二、思想政治教育的作用

思想政治教育能够存在与发展的主要条件是其本质的外在体现和集中表露。如何充分发挥思想政治教育的作用，需要从整体效能的发挥和价值实现两个方面进行分析。因此，要实现思想政治教育价值的目的，适时地提高思想政治教育的作用，就一定要深入研究、科学认识思想政治教育的作用，这是实现这一目的的基本要求和前提条件。

（一）思想政治教育功能作用的研究辨析

思想政治教育的功能指的是在某种特定的环境下，某些要素按照一定结构有机构成的系统之间，经过相互作用所产生的特定结果，这种功能是环境与系统之间的相互关联，系统与环境之间的输入与输出。功能表示系统对环境的影响。功能起源于物理学，功能的范畴在现代哲学中的解释是从自然科学演化而来的，通过现代科学和实践相结合，进而产生了功能范畴这个新范畴。关于功能范畴在社会科学领域如何解释和引用，学者有不同见解。我们在对思想政治教育功能作用进行分析时，对功能范畴的一般方法认识和研究，同思想政治教育功能的内在特征紧密联系在一起。虽然思想政治教育具有客观存在性，但它是一个"人为系统"而非一个客观的"物质系统"，其中包括体现自身价值追求的人的活动。换句话讲，价值的创造产生了思想政治教育，人类为了顺应历史的发展、时代的要求，使自身更好地向前发展，进而有了思想政治教育。因此，思想政治教育功能能够发挥作用的前提是人的活动价值，同时又体现了思想政治教育功能具有逻辑先在性，这便是思想政治教育功能区别于其他功能的地方。人类活动的最大特点是，当人的需要不能被满足时，人便会根据自己的需要，遵循客观规律，改变事物本身存在的性质，创造出新的事物、新的价值。人们创造价值活动的尺度，是先于创造价值的行为而存在于人的观念之中。换句话说，人类所创造出的事物就是为了能够使人类更好地适应自然的发展，满足自身的需求。实际上，人自身的需要可以通过创造

---

[1] 李辽宁. 当代中国思想政治教育意识形态功能研究[D]. 武汉：华中师范大学，2006.

价值的活动得以实现。在这个意义上，人的活动的功能就表现为能够创造对人有用的物，即能够创造价值。

在进行思想政治教育时，人与社会的思想道德文化相互作用、相辅相成，使人的思想道德素质发展得以实现。在此期间，活动主体的人对思想政治教育所提供的思想道德文化进行能动的选择，让思想道德文化对人的自我塑造过程成为一种方向性的过程，为自我发展的目的与理想服务。在人的思想道德素质发展之中，时刻伴随着社会思想道德文化的批判与革新。从上述范畴可知，思想政治教育可以任意选择思想道德文化，这便是思想政治教育功能作用的体现。所以，思想道德文化成为我们对思想政治教育功能作用研究辨析的另一个视点。

作为分析视点的社会是人们研究某些事物或现象功能作用的着眼点，因此，一些关于某事物或现象说法的社会功能便产生了。本书在此处没有从分析思想政治教育的社会功能直接入手，而是把人与思想道德文化当作分析视点，此观点并没有否定思想政治教育的社会功能。与此相反，是为了找出一个最全面的分析思想政治教育社会功能的视点。因为在历史唯物主义的范畴中，个人与社会作为一个相互联系、有机结合的整体，社会必将通过某种事物或某种活动对个体产生作用，所以很难划分社会功能和个体功能之间的具体不同。另外，人缔造了一切具有价值的事物，人可以创造出包括他自身在内的一切生活需要的价值对象，因此，人被称为"价值源"。思想政治教育的社会功能作用通过其创造的价值在社会各个领域得以体现，并通过人的思想道德素质得以发展。换言之，通过实现社会发展不断向社会输送人才，这是思想政治教育的社会功能的体现。同时，社会思想道德文化的传承和创新可以经由思想政治教育来实现，这是其对思想道德文化产生的作用，也体现出它的社会功能。因此，思想政治教育与其他活动不同的重要标志是，其功能作用于人和思想道德文化。

从结构功能原则角度分析，思想政治教育功能研究的视点可以是人与思想道德文化。事物结构具有复杂性的特征，事物的结构决定着事物的功能，从本质上看，事物的功能是一个"功能系统"。在复杂多变的功能体系中，事物的基本结构决定了其本质和基本功能。事物的基本结构随着其自身的确定而确定，同时也决定了事物的本质。在事物不断变化发展的过程中，一旦事物的内部结构出现了变化，那么它的功能也就随着结构的变化而变化，但事物的基本结构和本质属性却不会发生改变。思想政治教育的功能有很多，其中本体功能是其最基本的、关键的、起支配作用的功能。它是由本体功能所产生的功能体系或功能结构，同时又是由各级功能衍生出来的。事物的本体功能处于主导地位，它可以主导或约束其他一般功能。由于与本体功能距离远近不同，各级衍生功能随之变化，并且通过多层"介质"折射，常常出现"游离"原生功能的趋势，功能之间更可能出现冲突。

综上所述，要想分析思想政治教育的功能，分析其基本功能或者说本体功能是一个必要前提。

思想政治教育基本功能的客观确定性通过其本质确定，功能是其本质的外部表现。选择与思想政治教育关联非常密切的分析视点，可以了解思想政治教育的基本功能。只有这样，思想政治教育的本体功能才能被清晰地认识和了解。一旦选择的分析视点与思想政治教育没有多大关联，得出来的很有可能就是思想政治教育的派生功能，派生功能是本体功能在众多的中介层中的投影或反映。从思想政治教育的本质出发，可以分析看出，思想政治教育是人与社会思想道德文化的双向构建，一方面将提供给人社会思想道德文化，另一方面又使人拥有超越自己、不断前进、不断上升的思想道德素质，继承并创新更优秀的思想道德文化。所以，思想政治教育的原生功能，只有以思想道德文化与人的联系为研究方法，对思想政治教育的功能进行研究、分析和考察，才可能被正确认识和了解，从而更进一步达到认识其衍生功能及其与本体功能之间的相互关联。

思想政治教育功能也有一定的联系范围，为了实现社会以及人自身的发展与进步，要大力加强思想政治教育系统内部各个因素之间的相互联系。

20世纪70~80年代，我国思想政治教育的理论中引入功能概念，与此同时，我国开始了对思想政治教育功能的研究。大体来说，通过"主观论"与"客观论"来分析功能是什么"主观论"，即从主观角度出发去看待和掌握思想政治教育功能，引入"目的论"，将功能和目的进行交换应用。"客观论"则坚持认为思想政治教育功能不以人的主观意志为转移，是客观存在的。从这两种观点的影响范围来看，"客观论"的支持者更多、影响更大。但是，在"客观论"内部却有着很多分歧。因此从不一样的角度来诠释思想政治教育功能，主要包括"作用论""能力论""结果论""价值论""职能论"，以及"效用论"等论述。

思想政治教育对整个社会的影响是从主观视点进行分析的，如陈万柏、张耀灿（2015）在《思想政治教育学原理新编》中提出："思想政治教育功能是指思想政治教育对其对象乃至整个社会所发生的积极独特的作用或影响。"[1] 仓道来（2004）在《思想政治教育学》中指出："思想政治教育功能是指思想政治教育所发挥的效能和它具有极其重要的社会作用。"[2] 曹书庆（1993）则认为："所谓功能就是一事物对人和社会所起的作用，教育功能就是德育对于受教育者个体和社会所起的作用。"这类论断没有看到功能与作用的差别。"功能是事物本身

---

[1] 陈万柏，张耀灿. 思想政治教育学原理[M]. 北京：高等教育出版社，2015.
[2] 仓道来. 思想政治教育学[M]. 北京：北京大学出版社，2004.

第一章 高校思想政治教育概述

固有的，作用是一事物与其他事物之间的关系；功能是对事物自身而言的，作用是对物、对人而言的；功能是一种潜在作用，作用是一种表现出来的功能。"[①]因此，我们可以认识到，思想政治教育的功能并不等于思想政治教育的作用。

我们从客观层面分析思想政治教育功能本身存在的价值、职能以及人们对思想政治教育的理解。思想政治教育职能是思想政治教育功能的具体体现。陈秉公（2000）首先提出思想政治教育职能的概念，指出："思想政治教育职能包括根本性职能和具体性职能。根本社会职能包括为政治斗争服务、为生产斗争服务、为塑造人格服务；具体性社会职能包括灌输、转变、调节、激励。"[②]苏振芳（2000）认为："思想政治教育的职能包括五个方面，即灌输、转变、调节、凝聚、激励。这五个方面在某种程度上就是指思想政治教育的功能。"[③]虽然很多人认同这类观点，但是这却将思想政治教育功能与职能之间的差异忽略了。思想政治教育活动自身是其功能的基本出发点，其属性和作用可以通过这一点来进行探究。事物本身应该存在的作用是其职能，思想政治教育的目的性是思想政治教育职能研究的根本点，思想政治教育所具有的属性和作用借此得以总结。因此，思想政治教育功能和思想政治教育职能之间的关系就是实现和应然的关系。

（1）作用论。很多人坚持作用论，谭变娥认为，德育功能是指教育者在进行品德培养的活动中，使受教育者所产生的现实或后续的作用。陈万柏等认为，思想政治教育功能有积极独特的作用和影响，是思想政治教育对教育对象甚至整个社会在教育过程中所产生的。

（2）能力论。能力论者认为坚持思想政治教育功能是能力在实施教育活动过程中所产生的，这种观点是在这样的认识基础上形成的，事物潜在的能力被称为能力，即事物是否具备这种能力，并利用这些能力发挥一定作用，满足其需求。

（3）结果论。李太平认为，德育功能是一种结果，是德育系统内部各要素之间、环境与系统之间产生相互作用的结果。卢跃青认为，德育功能指个体和社会受到德育的影响所产生的客观结果。

（4）价值论。价值论者认为价值的体现是通过思想政治教育功能来完成的，是思想政治教育展现出人和自然、人和人相互作用、相互影响过程中的价值。

（5）职能论。别祖云认为德育功能是从"职能论"的角度来界定的，指的是能够承担的职责和应该具备的职能，换言之，就是它可以做和不可以做的方面。

（6）效用论。学者在诠释思想政治教育功能时使用"效用"一词，并提出

---

① 曹书庆. 论德育功能的辩证关系[J]. 河北大学学报（哲学社会科学版），1993(s1).
② 陈秉公. 21世纪思想政治教育工作创新理论体系[M]. 长春：吉林教育出版社，2000.
③ 苏振芳. 思想政治教与学原理[M]. 厦门：厦门大学出版社，2000.

了效用论的观点，指出在思想政治教育活动中思想政治教育功能所发挥的作用和产生的效果。①

（二）思想政治教育功能的相关论述

1. 思想政治教育的功能

思想政治教育具备多种不同的功能，也可分为多种不同的类型。根据现有的研究成果，有下列几种划分方法：

首先，从价值角度来看，可分为正功能与负功能。著名教育学者余秀兰说过，通过两种效应反映德育，正效应是我们所期望的效果，负效应是我们不期望产生的效果。

其次，从个人、自然、社会三者之间的关系来看，曹书庆曾强调各种功能之间的相互协调关系。比如，个人性功能、政治功能、社会性功能以及经济功能之间的各种关系。但是也有多种不同的说法，有人认为德育功能体现在三个方面，包括教育性功能、个体性功能、社会性功能，这三个方面又各自包括不同的类型。个体性功能包括个体的生存、发展、享用。教育性功能则通过德育的教育或者德育这一功能展现，它是对平行系统有重要影响的子系统，还有价值属性这一方面。社会性功能包括政治、文化、经济和自然性功能。

再次，从教育思想系统结构来看，李太平认为，教育思想系统的内部和外部系统是德育所包含的两个方面，认同、适应、享用是内部系统所包含的三个功能。外部功能即德育系统与各方面德育环境之间的相互影响和作用，它通过政治功能、自然性功能、经济文化功能三个方面展示出来。对德育系统有决定性作用影响的是经济发展水平，自然环境则起熏陶的作用，文化水平起渗透作用。同样不容小觑的是政治思想对德育的控制全局作用。因素的多少决定德育功能的多少；与此相反，功能的多少限制因素的多少。

最后，大家对此众说纷纭。例如，陈万柏认为，导向、保证、凝聚等功能是思想政治教育作为社会功能所必须具备的。郑永延则认为，思想政治教育还应该包括育人、开发的功能。陈秉公则提出了新的看法，他认为，社会职能分两类，即具体性的职能与根本性的社会职能。前者分为转变、激励、灌输和调节的职能，后者分为生产斗争、为政治斗争、塑造人格服务的职能。

综上所述，思想政治教育功能的类型划分标准有很多，观点不一，各自都有自己的道理和见解，总体给人感觉有点杂乱，并不具有系统性、科学性。

---

① 胡红敏. 和谐社会视阈下思想政治教育功能研究[D]. 乌鲁木齐：新疆师范大学，2010.

2. 高校思想政治教育的作用

（1）对个体发展的作用。人们要想适应瞬息万变的现实社会，只能通过思想政治教育来实现。一旦人们具有了规定性的特征，同时人的思想道德个性特征又能在学习的过程中得到发展，人作为思想道德的主体，就可以通过不断地增强意识，塑造一个完满的，甚至是超越现实规定性的思想道德人格。具体来说，个体发展的作用方式受到思想政治教育的影响，主要体现在以下三个方面。

第一，人具备社会思想道德文化规定性特征。人存在于特定的社会环境背景中，具有主观能动性。在社会领域，各种社会活动无规律可循。造成这种现象的原因是每一个人都从各自的动机出发，追求自己的目的，可是我们会发现自己的目的很难达到。在我们深入研究社会的深层、由表及里的结构时，往往一些相互冲突的活动会形成一个全新的集合体，以及一种全新的活动模式。其秩序和节奏与任何社会个体的活动都不同，这种全新的模式不会为任何一个个体而改变，这种秩序和节奏就是规范个人的基础。作为人类个体活动的产物——社会思想道德文化，一经创造便会具有相对独立性。有的对人类个体还具有反向规定、规范作用。所以，人之所以成为"社会化"的人，是因为认识到社会现实中已有的规定和既存的思想道德文化，人为社会思想道德文化所接纳的同时又是现实社会思想道德文化的占有者、体现者，这些都是人之所以存在于现实社会中的根本性前提。人要想超越自我，成为一个"全新人"，可以通过在思想政治教育活动中提高思想道德素质，从而成为一个不同于以往的人。思想政治教育教导人们学会关于人类社会的思想道德文化的全部内容，使其变成一个具备丰富关系的全面的个体，不再受人类自身的局限，超越自我孤立、片面、偶然的个性。人在社会中主要依靠思想政治教育获得现实规定性，因而才能适应现实思想道德文化。

第二，思想道德赋予人对自我和规定性超越的动力和能力。不断超越和改造才是人活动的重要本质，不单纯是为了适应。换言之，它对对象的肯定性关系只是作为环节蕴涵于对象的否定性关系之中。传统道德教育只是没有认识到人具有制定规则的能力，没有认识到个人在社会化过程中使社会的规则成为自己性格的一部分，也就认识不到人可以重新制定社会的规范，并发展自己的个性。如果仅仅是在社会现实思想道德文化的适应层面上对人进行思想政治教育，这并不能适用于人的活动本质，人将只能是一种"有限"发展的存在。教育对象要满足现实生活的需求，建构自己的思想道德观念，通过在思想政治教育与社会思想道德文化的相互作用来获得现实的规定性。人在现实生活中不断面临新的问题和挑战，思想政治教育对人的作用不仅是使人"接受""适应"已经存在的固有规定，还要使人成为具有新的现实性的人，更新思想道德需要和自我理想的追求。思想政治教育使人能够不断创新，利用现有的一切思想道德文化超越现实社会中出现的各种规定性。同时,人通过在现实社会思想道德文化环境各种活动中构建并产生一个新的自我,这些都是通过在现实社会思想道德文化中不断丰富自我、提高自我而构建出来的。这个新的自我所凝聚的思想道德素质结构和水平与旧有之"我"相比较,大不相同。人通过思想政治教育掌握人类创造的已经存在的思想道德文化成果,使人的思想道德素质得到全方位、积极向上的发展。另外,人的理想自我和价值追求又被思想政治教育不断地唤醒,使自身存在的价值得到不断提升,并有了更大的空间,从而让人成为思想道德的创造主体。通过不断变革创新、超越现实的需要和理想,展现出无限的精神力量,激发超越一切斗志,只有经过这些过程的人才能具备动力和能力去超越自我和社会的规定性。

第三,人的思想道德个性发展可以通过思想政治教育来实现。即便思想政治教育有很多共性,但仍然存在个性差异,这是由个体不同的倾向性和心理特征所决定的。个体本身具有不同的思想道德素质结构,必将使个体在思想道德需要、理想目标以及观念、态度、情感、行为习惯等方面有不同的表现。可以通过思想道德的个性差异来帮助确立和提高思想道德自我意识,使人的自尊心、自信心、自制力和自豪感得到更好的形成和发展,创造出具有个性特点的思想道德观念和行为方式。换言之,思想政治教育能使个体的自我思想道德素质得到更好的发展。

(2)对文化选择的作用。人与社会思想道德文化之间,通过思想政治教育的相互作用所产生的一个过程称为"化人"。但此过程与文化对人的自然模塑有本质的区别。文化人类学中记载,人的自然模塑在文化中被定义为"儒化"。文化人类学家对其的理解是,人在儒化的过程中是没有主体性的,主要强调的是文化对人的自然模塑具有重大意义。所谓"近朱者赤,近墨者黑"就是这个道理。人的模塑是社会思想道德文化在思想政治教育过程中有目的、有意识的条件下完成的。所以教育对象可以主动选择要进行的思想道德文化,而不是完全被动。这些服务于自我建构的目的与理想,使思想道德文化对人的自我塑造过程具有方向性。通过上述内容我们可以看出,思想道德文化的选择是在实现教育对象自我超越的过程中,教育对象在整个思想政治教育过程中的自我建构、自我发展,思想政治教育的选择作用就是在此基础上,批判和创新思想道德文化所产生的结果。

思想政治教育的选择作用对于思想道德文化的整体发展是十分重要和不可或缺的。在思想道德文化的传承过程中,应对其主要部分加以选择,如果没有进行选择势必会对思想道德文化的发展毫无益处。通过分析思想道德文化自身的内部运动可知,矛盾和斗争充斥在各种不同的思想道德文化之间,思想道德文化发展的必然结果是去芜存菁、推陈出新。如果没有很好地选择思想道德文化,其发展趋势势必将出现停滞,思想道德文化发展的生命力也将慢慢枯萎、消失殆尽。通过对南太平洋土著居民的文化进行考察,美国现代人类学家玛格丽特·米德得出这样的结论：子代对父代的文化选择全部复制，生活中的一切，子代都是承袭父代，父代为子代提供模板，子代照搬模板，这些是导致文化停滞的主要原因。生活在大山深处的人们，其生活模式一成不变，按照祖辈相传，一代代都以相同的文化模式生活，从不愿意改变，人的思想道德素质发展水平和现实思想道德之间具有高度的重复性，代与代之间几乎不存在差异，根源就是缺乏文化选择。随着文化的选择性缺失，创新意识和创新能力就会逐渐退步，并逐渐消亡，人的思想道德文化的创新功能也很低。例如，中央电视台的记者曾对一个封闭穷困山村的放羊娃进行了采访，采访结果显示，像村落中父辈们那样经历放羊、娶妻、生娃，就是放羊娃对自己全部生活意义的认识和人生目标，也是他所认为的最好的生活状态。在他们的认知里，世世代代就是按照固有的生活模式，不断地重复着这种生活方式。但是，这种现象可以通过文化选择来改变，重复性循环的思想道德文化可以被打破，只有释放出人的自然潜能，人才能走出这种有着自然特性的困境，形成新的精神追求和价值需要，进而迈向更加辽阔的世界。通过将这种需要和追求永无止境的上升，新的思想道德文化才会不断地被创造。

思想道德文化所具有的选择作用是通过思想政治教育来实现的，主要表现在它对社会思想道德文化做出肯定的或否定的判断和分析，将其作为独立于人之外的对象，使社会思想道德文化向着积极健康的方向发展前进。由于思想政治教育存在于现实之中并具有现实意义，所以思想政治教育是以现实为基础的，是根植于现实思想道德文化之中的。对于每个人来讲，一旦无法与现实思想道德文化紧密结合，这个人将失去自身存在的根基而无法生存于社会之中。但是，从另一个角度讲，在现实思想道德文化教育中，教育对象并没有得到教育者的全部教授，而是选择性地学习现实思想道德文化，并以社会主导价值观为依据。例如，在中国古代时期，儒家文化在古代社会主导思想道德文化中，很长时间内都居于统治性的地位。因此，在古代，儒家文化就是古代统治者对人们进行思想政治教育的思想道德文化。而在现在的社会历史条件下，为了适应人的全面发展，人的不同思想道德的发展、社会目标的发展和需要，以及适应社会主义经济发展的要求，教育对象需要从教育者那里学习关于社会主义市场经济的规矩、要求、法则等。在学习的过程中与时俱进，将自己的力量贡献到建立逐步完善的社会主义市场经济体制中，同时在全社会范围内倡导马克思主义思想价值导向。而思想政治教育者重点批判那些与社会主义市场经济的伦理精神和社会主义价值导向背道而驰的文化。教育对象的内涵得到丰富，主要是通过学习人类曾经创造出来的思想道德文化以及现代优秀的思想道德文化成果，这样新的理想向往和价值追求才可以形成。这种新的理想和追求必然突破现实思想道德文化对人的限制和束缚，人永远不会只满足于思想道德文化现有的状况，应通过不断推陈出新来改变固有的模式并最终体现出创新。通过三种形式来体现思想政治教育对思想道德文化的选择功能，即肯定性、否定性和前导性，这三种形式分别表现为：对思想道德文化的传承、批判与引导。值得一提的是，它们是密切地联系在一起的，思想政治教育对思想道德文化的这几种作用都是不可分割的，一旦彼此分离，它们将会失去存在的意义。

第一，思想政治教育对思想道德文化的传承。能够传承下来的思想政治教育将不再是对思想道德文化的"复制"和"再现"，这样的思想政治教育具有极其重要的作用。在主体自主价值判断和选择的基础上，人类肯定了思想道德文化，优秀的思想道德文化对传统道德文化的发展会出现所谓的"断流"现象。思想道德文化作为思想政治教育的基本素材，被加入思想政治教育过程中，都是教育者经过慎重选择之后的决定。在经历了两次选择性评价和筛选之后，思想道德文化发生了重大变革：第一次是思想政治教育者的筛选和加工，第二次是思想道德文化的再选择、再评价，是通过思想道德建构活动的主体来完成的，然后对活动主体产生影响。社会思想道德文化系统是不断进化和发展的系统，该系统并不是一个固化状态。正如海德格尔所分析的："由人所创造的一切外部条件（物质、制度、价值观）不是一种断面性的现实存在，而是一种方向矢量的'存在'，不是被静止观照的对象，而是一种能动的动态过程，它永远处于人的重新建构之中。从本质属性上看，思想政治教育系统本身是一个思想道德文化系统，是社会的一个'思想库'。在这一系统中，无时无刻不在进行着各种思想道德文化、价值观念的冲突与融合，从而产生新的思想道德文化。思想政治教育所创造的新的思想道德文化对其进化和发展起着重要的促进作用，这是思想政治教育对思想道德文化的肯定之最高形态。"①

第二，思想政治教育对思想道德文化的批判。批判社会思想道德的文化功能，是通过思想政治教育对思想道德文化的否定性方式得以实现的。社会思想道德文化是一个交织关联的系统，融合了传统与现代、精华与糟粕、外来思想道德文化与本土思想道德文化。矛盾和斗争时刻充斥在它的内部，社会思想道德文化的发展和进步通过其中诸多思想道德文化相互作用，得到促进，并否定和批判了社会思想道德文化中的"糟粕"，同时在思想道德文化的变迁中，思想政治教育作为一种"策动力"，起着关键性作用。在现代社会的经济领域，思想政治教育的这种批判功能表现得十分明显。在市场经济条件下存在各种拜金主义、极端利己主义、享乐主义，它们在受到强烈的利益驱动之下，往往容易滋生乱现。如果没有

---

① 海德格尔.海德格尔选集（下）[M].孙周兴,译.上海：上海三联书店,1996.

优秀的、强有力的社会价值观念引导，没有严格的法律约束，人的思想道德素质和社会思想道德水平的底线必将不堪一击，从而导致社会中物欲横流、恶念丛生等各种负面现象的出现。思想政治教育对市场经济所带来的思想道德文化价值的消极观念起扼制作用，但这方面的作用在经济规则、社会法律中往往是心有余而力不足的。例如，拜金主义是商品经济中出现的消极产物，这种现象往往是不可能单纯用法律规则来约束的，而且只要不触犯法律，就算是法律、法规拿它也没办法，这时候只能发挥思想政治教育的独特性作用。通过思想政治教育对思想道德文化观念的分析批判，定位了社会价值观念，使人的精神文明素质得到提升、思想和灵魂得到净化。思想政治教育对思想道德文化的批判作用，是社会现实思想道德文化的一种必然需求和健康发展。

第三，思想政治教育对思想道德文化具有引导作用。在整体上，思想政治教育对社会思想道德文化具有引导作用，指引了社会思想道德文化发展的方向。思想政治教育让人适应现实的思想道德文化，给予人现实规定性的同时，使人具有超越其现实规定性的特殊能力，并赋予人未来的特性，让人具有超越现实社会思想道德文化的能力。所以，思想政治教育具有一种引导作用，不是单纯在本质上反映了现实的人和思想道德文化，更重要的是，方向标指向人的理想自我和社会思想道德文化的未来。一旦失去了思想政治教育的引导，人将被当前利益和物质享受蒙蔽双眼，深陷其中不能自拔，无法实现自我超越，社会更不能超越本身，社会思想道德文化将在无方向的"自然"运动之中失去自我前进的方向。作为一个组织系统，思想政治教育一方面是一个思想道德文化的创造"源"，不断地创新社会思想道德文化；另一方面，它还是一个思想道德文化的扩散"源"，仅仅是通过一种扩散机制，所有人们创造的新的思想道德文化就被扩散到整个社会领域。思想道德文化的影响力通过思想政治教育得到扩大更新，一旦它上升到思想道德文化的主导地位，将会对社会思想道德文化的发展产生重大影响。例如，那些在整个社会思想道德文化中占主导地位的，大都是由个体的人创造的新的思想道德文化缔造的，如焦裕禄精神、雷锋精神、孔繁森精神等就是其中最具代表性的，这些都在社会主义思想道德文化的发展前进中起引导作用。

综上所述，如果说社会是一个大系统，那么，作为社会大系统中的一个子系统，思想政治教育的社会功能体现于，在社会大系统和各个子系统的功能之上，它的本质是不断地为整个社会系统输送优秀的人才和提供思想道德文化支持，如政治文化、伦理文化、企业文化等。思想政治教育系统与社会其他活动系统之间存在相互作用的关系，如经济活动系统、政治活动系统等，因而会出现很多具体化的社会功能学说，如思想政治教育的经济功能、政治功能等。其实，思想政治教育提供的人才支持与思想道德文化的传承发展是其所表现出的社会功能作用。

通过思想政治教育向社会输送富有超越精神、创新意识和创新能力的人才，满足思想道德文化的需求，同时传承思想道德文化。

总之，深入地探究思想政治教育功能，有利于进行理性反思，对思想政治教育的重要地位和作用有科学的认识；有利于本质的揭示，使受教育者树立正确的思想政治教育功能观；有助于拓展思想政治教育学的研究领域，使思想政治教育学科的发展得到促进；有助于思想政治教育科学化的推动，使思想政治教育的实际效用得到提高。①

第二节　高校思想政治教育的重要性

一、高校思想政治教育的重要意义

学者对"高校思想政治教育"进行深入探究后，纷纷指出大学生思想政治教育应是一种从全局上加强教育，从根本上改进总的方法。还有一些学者认为，高校大学生思想政治教育应当通过教育内容、思想政治队伍、实践教学、教育环境等各方面的整体改革与系统优化，全员、全程、全方位构建一个育人的大学生思想政治教育实施体系，实现思想政治教育的最大合力。通过学者的表述可以看出，高校大学生思想政治教育其实是一种全新的理念与途径。建立新形势下的思想政治教育，"育人为本"是理念的关键所在，"全员育人、全过程育人、全方位育人"是方法的关键所在。价值取向在高校大学生思想政治教育中有着重要的作用，即在大学生平时的教育活动中渗透社会主义核心价值，使大学生通过社会主义核心价值明辨是非、懂得行事做人的基本价值取向。大学生在抵御各种社会思潮的侵袭时，能够主动运用社会主义核心价值，使文化涵养的重要作用更加突出，引导大学生具备高尚的情操和品格，即充分发挥传统文化、社会主义先进文化的作用。总之，高校思想政治教育的重点是通过个体修养和价值导向促进人的全面发展。

二、高校思想政治教育的作用

构建新时代下高校思想政治教育格局，更好地发挥思想政治教育的基本理念，完成高校立德树人的重要目标，可以通过借助思想政治教育独特的育人功能来完成。

---

① 褚凤英. 思想政治教育功能分析的新视点 [J]. 探索, 2005(2).

（一）凝聚主流思想

主流思想是指社会成员认同的规范和共识，即在历史和现实中形成的能够指导人们正确行为的思想。高校思想政治教育面临的主要问题之一就是应对各种声音共存、各种思潮蜂拥而起、各种思想纷乱复杂的现象。青年人容易接受新鲜事物，但思想不够坚定，容易被各种思想意识所侵蚀。因此，青年大学生思想的这块"蛋糕"不断地被社会上的各种思潮抢夺，致使高校表现出主流声音不够响亮、主流思想不够强大、主流思潮影响力不够突出等问题。要解决这些问题，必须通过高校思想政治教育，强力汇聚主流思想，实现其作为灵魂的主要功能。高校思想政治教育的焦点和聚力凭借价值导向、文化涵养等方式，不断汇聚主流声音、凝聚主流思想。

如何将大学生的目光聚焦到主流思想上来，促使大学生健康成长、全面发展？高校可以通过思想政治教育的基本理念，全方位育人，引导大学生学习主流思想、消化主流思想、内化主流思想，用行动展现主流思想。

（二）传递社会正能量

正能量主要指情感和动力，包括一切积极向上、奋发图强的人和事，也是一种健康乐观、积极奋进的态度。人们的期待和渴望能通过正能量得到很好的诠释，它紧密联系和依赖着人们的情感。只要社会上所有人都相信正能量，并把其当作一种信仰不断传播，就能够指引人们提高精气神去共同奋斗。

当前，高校中存在多种形式的精神状态，既有积极、健康、向上的精神，也有消极、悲观的情绪，其存在的理由各不相同，这些都是导致高校中正能量出现分散现象的因素。努力传播正能量，培养和提高大学生的情操、品格，通过"全员育人、全程育人"的方法，将大学生的思想和行动逐步引导到正能量上来，让他们做拥有高贵的品格、积极向上的人，这是高校思想政治教育的另一个重要功能。此外，高校还必须不断创新教育载体，开展各种主题教育活动，进一步完善教育体制，为思想政治教育营造良好的、积极向上的校园文化氛围，促进社会正能量的传播。

（三）树立社会主义核心价值观

"核心价值"作为是非标准和遵循的行为准则，是判断群体或个人在社会中做事的主要依据。党的十八大报告提出的"倡导富强、民主、文明、和谐，倡导自由、平等、公正、法治，倡导爱国、敬业、诚信、友善"是社会主义核心价值观的基本内容，为社会提出了统一的价值准则。人们要想形成正确的价值判断，就要不断弘扬这种核心价值观，进而形成共同的价值取向。

少年强则国强，青少年作为社会发展导向的实行者和引导者，是社会未来的主人。新一代青少年长大成才是国家时刻关心的问题，他们有自己的追求和理想抱负。为了让广大青少年结合自身的优势，清楚地认识到自己在社会中的角色，国家提出了适合中国国情、社会发展及青少年成长的思想政治教育的目标和方法，以帮助他们准确定位自己的发展方向，并在成长过程中更好地形成具有自身特色的人生观和价值观。

大学生群体是生产力社会中的特殊群体，他们在青少年群体里的表现最为突出的是特殊性和独立性。青少年的人生观、价值观的形成在大学阶段尤其重要，在这段时间，大学生通过学习思想政治教育，逐步形成有利于自身进步的、符合国情发展的价值观，根据自己的喜好和优势，思考、确定自己未来的发展方向。

高校可以通过两方面来完善大学生的思想政治教育，一是大学生自身的思想品德，二是其政治素养。首先，大学生应该了解其自身特征；其次，应该知道如何做才能成为对社会、国家、自己有益的人。正确积极的思想作风使大学生知道哪些事可以做，哪些事不可以做，在学习的过程中建立自身良知和社会底线，做到这些他们才能在进入社会后不受阻碍，同时不会做出危害社会的行为，在社会中呈现一个健康人的姿态。人是社会构成的基本要素，人与社会相互影响，个人的生存离不开社会，了解自己、了解社会是我们必须要做的。政治理念、政治立场和政治态度是大学生政治素养的综合体现，只有这样才可以在实现自己价值的同时，将自己前进的力量贡献给国家和社会。

以教育为中心的高校思想政治教育给大学生提供了大量帮助，是大学生学习生活实践的理论指导。高校思想政治教育关注的焦点是大学生的实际思想生活需求和具体的思想特点。让大学生树立社会主义建设者主人翁意识，不断拓展大学生的视野，使他们进一步思考其社会定位和自身的发展。党和国家出台相应的政策，制订大学生人才培养计划，通过分析青年一代的思想状况发展水平，为大学生提供服务。同时，制定行为规范来约束和督促高等院校和大学生的实践行为，并积极进行调整，合理培育人才，使其能够适应社会的发展要求。坚持以立德树人为首，培养大学生的优秀品质和良好习惯，将大学生专业课程与思想政治教育相结合，紧密联系大学生的实际生活。各大高等学校的教师、学者、教授应针对不同学校学生群体的特点，依照国家制订的人才培养计划，有针对性地对大学生开展思想政治教育，提高他们的思想政治教育素养，使他们能够全面、健康地发展。

我国大学生思想政治教育是根据我国社会主义国情的发展需求和大学生自身的特点来制定的，以素质教育逐步引导和帮助大学生进行健康实践活动。这是在统筹规划我国社会政治、经济、文化等各个方面的发展情况后，为培养大学生成为社会主义建设的新一代接班人，使其能够形成健康的政治素养、心理素养和道德品质而开展的。

目前，各种价值观在高校中传播，这对青年大学生正确价值观的形成造成了严重的影响，使大学生价值判断增加了难度。高校思想政治教育的功能是大力弘扬核心价值，基本理念是"育人为本、德育为先"。在开展思想政治教育的过程中，要求高校重视核心价值观的弘扬和培育，引导大学生，使其能够真正地明辨是非，自觉抵御各种错误价值观的侵袭，成为社会主义核心价值观的践行者。

三、高校思想政治教育的目的和方向

（一）促进人的全面自由发展

全面发展大学生思想政治教育，培养品学兼优的人才型大学生，需要在教授专业课程理论知识的同时，结合学生的生活实践进行思想政治教育。

大学生思想政治教育像阳光雨露般地滋养和塑造着新一代的年轻人。大学生在成长过程中遇到的问题，依靠思想政治教育能够有针对性地得到解决，同时能够营造自由健康的学习氛围，帮助大学生及时调整状态，提高学习效果，真正地顺应时代变化。思想政治教育能使大学生在高等学校有自由学习、健康生活的空间，生活学习的积极性和热情能够被充分调动，创造力和创新性能得到提升，使大学生能够自由而全面地发展，对未来的探索有更多的时间和精力，无须为适应不理想的环境花费时间和精力，全身心地投入发展中，从而挖掘自身潜在的价值。

高校思想政治教育能够满足大学生的成长需要，让大学生自由地做真实的自己，同时为培养大学生完善的道德品质和思想境界提供全方位、充足的支持与帮助，进而实现自身的人生价值追求。健康人格的培养在大学生思想政治教育中备受关注，可以引导大学生及时调整自己理想中追求的方式方法，协助大学生合理地解决在生活中、学习中出现的烦恼和问题，能够使其顺应社会发展形势、适应国际潮流，形成大学生独特的思维模式，从而引导传递勇于担当、与人分享、乐于助人等优秀品质。大学生在思想政治教育培养下，会逐步关心社会热点问题，客观理智地评价社会热点问题，能够独立工作于社会，同时具有独立处理困扰和问题的能力，并能很快适应社会中的生活与工作。通过思想政治教育能帮助大学生规范自身的行为能力，在接触社会生活中的问题时能自如应对，又能在追求人生发展目标时结合自身特点。可见，思想政治教育对人生塑造和发展具有非常重要的作用。

（二）促进国家与社会发展

大学生必须与社会发展所提倡的主流思想相符，主要表现在思考模式、思想状态、思考内容等方面。这样，大学生所具有的社会价值和人生价值才可以得到充分发挥。

在大学校园里建设社会主义核心价值观，让主流思想在师生群体中传递，使大学生的思想道德与社会主义核心价值体系具有一致性。社会主义理想在社会其他群体和广大师生之间是有共通性的，能够不断增强整个社会的凝聚力，思想政治教育能够满足大学生自身发展和社会发展的需要。衔接好青年一代自身发展和社会需求，在良性的配合下产生推进社会发展前进的更大生产力。社会的发展与我们每个人的发展密切相关，个人自身的发展离不了社会的发展，社会的发展又是靠个人自身的发展去推动的。

从政治工作层面来讲，如何使青年人群体更好地创造社会价值，促进社会和谐、有序、稳定地发展，可以从大学生思想政治教育着手，培养青年人具备一定政治素养，成为符合社会发展的人。坚持思想政治教育，帮助大学生树立正确的政治立场和方向，以此提高大学生的政治素养，将当代大学生培育成为一批具有优秀人格的青年人才，成为合格的社会主义青年学子。大学生对党和国家政治方针有更深层次的了解和认识，才能够更好地发展和传承社会主义思想观念，践行社会主义核心价值观，竭尽全力地为社会创造价值，以坚定的信念支撑自身，为奔向社会主义共同理想做出贡献。思想政治教育使大学生能够在理性思考之后做出正确的判断和选择，不断挖掘自身潜能，使他们能够充分认识自己和认识世界，成为一名合格的公民。

准备进入社会的大学生，如何才能精确无误地找到自己在社会上的位置，认清自身所承担的社会责任和义务？这就需要通过大学生思想政治教育，实现一种良性循环，促进社会井然有序地向前发展。实际上，在社会中每个人享有的自由和权利是相对的。每个人在享受权利的同时需要履行相应的社会义务。人们根据国家合理分配社会现存的资源，互相配合完成彼此的工作，并且享受自己的生活。在社会这个大家庭、大集体中，每个人付出劳动，人与人互相关爱、互相关心，一起维护这个大家庭。

四、高校思想政治教育的特点

（一）长期性

思想政治教育是一个长期的过程，受教育者需要有充足的时间去理解所学内容。要想看到教育成果，需要经历一段较长的时间，让他们慢慢地去接受、消化、吸收思想政治教育的内容。大学生思想政治教育也是一个循序渐进的过程，大学生在长期的实践过程中，逐渐调整自己平时生活学习中的行为习惯，认真思考自己的理想未来、人生规划，逐步掌握思想政治教育的理论、原理，及时调整自己的生活方式和行为习惯。大学生思想政治教育不是孤立的、片面的，它是整体的、有联系性的。在现实生活中，接受思想政治教育的大学生会相互影响。大学思想政治教育是一个长期的过程。人具备流动性，因为整个社会都是在不断向前发展的，导致大学生思想政治教育会受到所处环境的影响，产生不同的效果。

思想政治教育是一个长期的过程，在这个漫长的过程中，学生可以通过多种多样的方式和方法掌握思想政治教育的内容，思想教育时刻围绕在大学生的周围，协助其学习，使其更好地完成思想政治教育的目标要求。虽然时代在不断变迁，但是思想政治教育存在于每一代人的一生，社会中所有的人都需要在思想政治教育学习中积累知识。教育者会根据时代的要求，选择合适的方法和途径，用不一样的方式、方法进行思想政治教育。教育者通常会选择受教育群体较为容易接受的方式，结合生活经验使受教育者能够更加容易理解和体会思想政治教育的内容。大学生思想政治教育注重大学生思想政治教育的素质培养，同时不断创新教育方法，帮助大学生树立积极健康的人生观和价值观，使大学生不断与实际结合，充分认识自己，促进自身发展。

地域不同，大学生的特点也不一样，要以符合国家人才培育标准来评价大学生，坚决不能在思想政治教育上采取"一刀切"的方法。大学生具有多元个性，由于受不同文化、不同地域的影响，使大学生思想政治教育的难度增加。不同地域的大学生由于自身程度不同，掌握思想政治教育内容的程度也就有快有慢、有多有少。高校在引导大学生掌握和理解思想政治教育时，需要采用不同的形式并具有针对性地进行。这将是一场持久战，同时思想政治教育还必须不断创新、不断前行，才能满足一批批来自不同地区的大学生的需要。

（二）基础性

大学生思想政治教育是在理论指导实践的基础上，根据大学生成长的特点，指导大学生行动的理论基础。在教学过程中将从实践中总结出来的经验上升为理论思想，进而指导大学生的实践。思想政治教育理论无处不在，在大学生日常生活和学习中，在生活实践的每一个细节中，都起到指引的作用，在保障大学生生活、学习有序性的同时，也是大学生们迈向人生舞台的重要基础。行动源于思想，在学习具体学科或是生活实践之外，大学生思想政治教育是每个大学生需要认真掌握的，是思想心灵上的教育沟通。大学生通过思想政治教育，全面、深刻地了解自己、了解社会。追求人生理想的大学生在一次次剖析生活学习中收获经验，与时俱进地接受思想洗礼，充分认识自己的信念追求，更加健康地成长。各个地区的高校思想政治教育极力提供切合新时期大学生实际的、容易掌握的、能够融会贯通的方法，高度重视大学生思想政治教育工作。大学生要形成自己的世界观、人生观和价值观，需要思想政治教育的指导和帮助。因此，高校应将思想政治教育融入大学生的生活和学习中。思想政治教育对大学生价值观的形成有很大的影响，在人的大脑中，思想往往是先于行动的，人往往都是先琢磨做什么事，再决定实践的具体方法，而大学生的具体生活实践是以思想政治教育为指导的，思想政治教育就是与大学生人生追求的碰撞，帮助大学生以更好的状态在人生舞台上发挥自身价值，确立适合自己的人生理想，寻找适合自己的方法，更好地发挥自身的潜能。

（三）整体性

通过思想政治教育，大学生能正确地、客观地认识社会现象的本质，在社会中找到适合自己的舞台，发挥自己的价值。高校思想政治教育包括编纂思想政治教育教材、教职工组织的思想政治教育教学和实践活动，以及大学生受到的校园文化熏陶。大学生思想政治教育在高校集体中能取得更好的效果，促使大学生的成长与社会发展的步伐相一致。

思想政治教育在高校内是一个完整的体系，它指引大学生身心成长的发展方向，同时对大学生实际生活的思想困惑答疑。思想政治教育帮助大学生解决学习生活中出现的一个个困惑和疑惑，使大学生能够更好、更快地成长。大学时期是人生观形成的关键时期，思想政治教育伴随着大学生成长的整个过程，因此要符合国内、国际发展的价值观。

大学生思想政治教育涵盖了高校内大学生思想政治教育、大学生家庭及其所处社会环境带来的无形的思想政治教育。所谓"近朱者赤、近墨者黑"，周围的环境相对于大学生个体而言是一个相对完整的世界，大学生的价值观很容易受到环境的影响，从而形成具体的行为举止。社会信息及大学生家人的价值观所形成的合力会影响大学生的世界观、人生观、价值观。大学是大学生正式踏入社会工作环境前的一个预热过程，它就像一个小社会，在这里，思想政治教育帮助大学生养成独立思考的习惯，逐步走出思想被动接受的状态，客观、正确地认识社会，了解国际发展和我国的社会发展，从国家、世界的高度看问题，但又不脱离国际和国内社会。

大学生思想政治教育需要给大学生的发展提供一个合适的环境，通过将社会、家庭及高校各个方面的生活紧密地结合在一起，共同为大学生思想政治教育做出努力。高校通过授课帮助大学生感受和了解社会实践活动,发现需要改进的地方,并及时引导大学生了解如何去做,使其思想发展的走向正确。家庭方面,引导大学生表达自己,找准自己的位置,在日常生活中行为举止要正确。社会方面,大学生通过社会舆论和法律法规得到信息反馈,各个层面密切配合,认可大学生价值观及品德行为,发掘新时代大学生中所蕴含的能量。只有这样,社会对大学生的思想政治教育才能真正完成,才能将大学生培养成为社会主义事业的接班人。

五、高校思想政治教育的方法

（一）理论与社会实际相结合

大学生思想政治教育是面向广大大学生开展的,通过了解其生活、学习实践活动,将理论与实际结合起来,借此提高思想政治教育对大学生的影响力和成效。理论联系实际是大学生思想政治教育的重要因素,结合新时期大学生的思想动态和学习生活方式,采取有效措施进行高校大学生思想政治教育,使大学生更容易接受。

大学生思想政治教育不能继续以僵化和教条的教育方式进行,应通过了解学生和他们的兴趣所在,选择能够启发他们的思考方式,在大学生生活学习中一点点渗透,潜移默化地影响大学生的思想。教育者需要时刻关注大学生的生活方式,配合合适的启发式、选择合理的载体去教授思想政治教育理论知识,帮助大学生解决人生和思想发展上的问题和困扰,引导大学生建立积极健康的思想道德品质和政治素养。

大学生思想政治教育需要深入关注大学生实际生活,帮助大学生解决实际生活学习中的问题和疑惑,采取更加有效的方式与大学生进行沟通,有针对性地开展丰富的生活实践活动,或者开展形式多样的文化交流讲座,使他们更容易接受,进而起到指导作用,最终帮助大学生全面健康的发展。大多数大学生的困惑都会在相应年龄段出现,但有时也会出现具备大学生个人特色的一些疑问,这些问题就需要大学生思想政治教育针对个体差异,联系实际情况,分析、鉴别困惑问题的性质,因材施教,对大学生的需求进行客观、合理的分析,以达到最好的效果。

大学生思想政治教育要求在实践中不断锻炼他们的思想政治素质,理论教育联系实际生活和学习,充分调动大学生的积极性和能动性,使大学生对思想政治教育理论的内涵和精神有更深刻的理解和把握,这样才能积极、自主地调整自己的生活行为习惯和思考方式,正确选择未来的人生方向,同时帮助大学生树立正确的人生观和价值观。

(二)学校教育与家庭教育互相配合

大学生对社会、对人生的看法和观点多少都会受到家庭成员的影响。家庭生活是一个人对社会最开始的认识,家庭生活环境是什么样子的,往往很容易使大学生认为社会就是什么样子的,这种意识是大学生从其从小所在的家庭生活中看到的、学习到的,因此,家庭教育对大学生的行为习惯造成了深刻的影响。

学生在学校受到教育,逐渐成长为一个能够利用自己所学发挥优势并对社会有用的人。但很多时候,家庭生活中的一些观念经常与学校的学习发生矛盾,大学生在学习的同时逐渐接触并了解到整个社会的发展情况,引发了他们对周围人的一些观念的思考,结合在学校所学,逐步形成自己的人生观、价值观。在学校多年的学习生活不仅让大学生学习专业知识,还帮助他们形成一种认识社会的方式,使其在进入社会之后能够客观地认识自己和他人,发挥所学,为自己正确定位,为自己的生活提供一定的物质保障,这一过程是大学生寻找人生方向和形成价值观的必然结果。

大学生思想政治教育引导大学生树立正确的政治观念和思想方法,提升思想政治觉悟,规范他们的言行举止,客观、理性地分析生活面临的各种各样的问题。同时大学生需要了解社会热点问题,关心国内外形势发展,关注国家大事,理解国家政策方针,增加社会参与感和归属感,增加国家公民责任与义务的意识,热爱祖国,树立正确的价值观,拥有高尚的品格。

大学生要想形成一个完整且正确的价值观,需要家庭教育和学校教育的通力合作,一方面,可以帮助大学生直面在生活和学习中那些听到的、看到的、需要独自解决的问题,运用自己的智慧,解决问题,并能够积极、勇敢地看待一些社会上的不良现象,以及应对一些让人沮丧的挫折等问题;另一方面,使大学生的行为习惯得到规范,面对现实能够勇敢地去克服困难、跨越障碍。

(三)继承与发展相结合

从教学体系层面看,高等学校思想政治教育是高校教育系统的一个完整的教学体系,高等学校对大学生人才的培养按照国家统一编写的、正规的教材课程开展,有具体、明确的教育教学管理方案和选拔优秀教师资源的体系。大学生通过思想政治教育的马克思主义理论方面课程的学习,能够深刻地掌握和真正地理解马克思主义的思想方法。只有系统、高效率地学习理论知识,才能清楚明了地认识和了解社会主义,学习与中国国情相结合的社会主义的理论体系的精华部分,在实际生活和学习中通过系统的学习提高思想政治水平来解决思想上的困惑与不解。

我国在新中国成立后开始进行思想政治教育，高等学校思想政治教育源于社会实践的理论思想，在此基础上，教育者不断地进行归纳总结，之后得出精华结论，并用社会发展中出现的新元素对原来的思想政治教育进行补充与完善。在理论课程中，符合中国国情和顺应社会历史发展的思想政治教育有很多内容和方法是经过长期的经验积累得来的。

大学生思想政治教育借鉴过去的一些思想政治教育的有效方法和手段，将社会发展和学生思想动态发展联系起来，在这些经验积累的基础之上更进一步发展，完善大学生思想政治教育，保证思想政治教育的先进性和导向性。

随着改革开放的不断深入，马克思主义在我国受到思想多元化、文化多元化的影响，产生了一些波动，在社会呈现出一种朝着多元化发展态势的过程中，我们要确保主流思想的地位，才能使社会更加富有创造力，再以一种开放的、积极的心态朝着世界多元化的方向发展。就好像一棵大树只有深深扎根泥土，盘踞在土里才能够茁壮成长，使树干粗壮、枝繁叶茂。同样，思想政治教育也是如此，这些教育思想发展的根本是要坚持马克思主义思想的学习，但是高校在着重培养大学生政治素养的同时，应鼓励大学生群体在思想多元化的过程中发展自主创新能力。

大学生思想政治教育体系要想具有强大的生命力，需要在不同时期的国情和社会背景下不断改进大学生思想政治教育，使其不断提高、趋于完美，这些都需要一个开放的、不断向前发展的教育体系。只有这样，思想政治教育才能随着时间的推移而不断发展、前进，才能更加有效地对大学生思想起到影响作用，使其不断地开拓创新。大学生思想政治教育科学的教育体系，是不断地从社会发展中总结宝贵的经验教训，归纳总结出的思想政治教育的规律和特征具有一定的科学性。大学生思想政治教育根据具体的实践情况，依靠借鉴并总结经验，对思想政治教育的方式、方法进行不断调整，直到适合大学生教育为止。高校的教育环境只有真正使大学生自由、全面地发展，才能较好地完成给国家输送高质量、高素质的人才的任务。[1]

---

[1] 赵丽芳. 新中国成立以来大学生思想政治教育的发展历程及其现状研究 [D]. 天津：天津商业大学, 2015.

第三节　高校思想政治教育的发展历程

一、中华人民共和国成立初期

（一）教育目标

支持建设和发展社会主义国家的原动力是高素质的人才。1949年10月1日，中华人民共和国成立后，我国迈向社会主义建设的道路开始了。在新文化运动等时期，各种各样使中华民族进步的思想为当时的青年学生在思想上打开了一扇门，大学生在这些运动中锻炼了自己的意志、实现了自己的人生价值，但是由于出生在封建社会，新中国成立初期的大学生群体是在封建社会的熏陶和影响下长大的，在他们的思想内心深处或多或少地留存着一些旧的封建思想。在抗日战争期间，大学生怀揣爱国热忱和一颗赤子之心，团结广大人民群众，积极投身于民主革命事业，为民族解放事业做出贡献。大学生思想政治教育在新中国成立初期的首要目标是彻底地清除封建主义思想，以及资本主义思想在大学生潜在意识里的残留，培养一批又一批具有高度爱国主义思想的社会主义新青年。

中华人民共和国成立初期，社会主义建设在我国一切都是从零开始，国内政治局面刚刚稳定，百废待兴，社会主义建设急需高素质人才。在校期间，莘莘学子不仅要学习专业的知识，还要培养自己社会主义建设者和接班人的思想意识。因此，适时地产生了大学生思想政治教育。国家培养新一代大学生不仅应使其具有过硬的专业知识，更是为了培养投身社会主义建设、担负起建设社会主义的重任、时刻准备为社会主义建设贡献力量的优秀人才。为了防止虎视眈眈的资本主义势力，新中国需要尽快强大起来，只有不断强大，全国人民不再受封建社会思想政治的束缚，才能健健康康成长、快快乐乐生活，人们才能自由地、平等地追寻自己的理想和幸福。不断提高全国人民的知识文化水平、科学文化素养是新中国建设发展的基础，这期间必不可少的是提高大学生的知识文化水平，同时加强大学生的思想政治教育。高校大学生作为我们国家未来建设的中流砥柱，在对他们进行专业知识教育的同时，尤其要注重对他们爱国主义思想的培育。大学生是整个民族和国家的希望，作为青年群体的主力军，他们的智慧空间是无限的，他们在大学里系统地接受专业知识和思想政治的教育，传播先进思想和文化，进而影响全国的青年人，激发全国青年的爱国激情和学习热情。

大学生群体是大学生思想政治教育的主体，他们是社会未来具有凝聚力的精英人群和青年代表群体。在新中国社会主义的建设过程中，大学生能够起到模范先锋带头的作用，带领广大青年为建设新的社会而努力奋斗，在广大青年群体中，大学生具有榜样式的作用。通过高校的思想政治教育，大学生群体能够将社会主义建设的责任意识扩展到整个青年群体中，这有助于整个社会青年群体思想意识的提高，以点带面地接力传递社会主义建设的思想力量。如何培养青年群体的社会主义思想，使之能够与国家发展相一致，是社会主义建设过程的主要任务，大学生思想政治教育在社会主义思想建设中占有重要地位，通过大学生思想政治意识的培养，带动广大青年群体思想觉悟不断提高，让他们感受到作为新中国建设的一分子的喜悦，为社会主义建设事业的不断发展感到骄傲和自豪。

（二）教育内容及其特征

在中华人民共和国成立初期，以学习马克思列宁主义思想为主，大学生思想政治教育的主要内容是爱国主义教育，以及对时事政治的客观分析和讨论。

指导中国革命走向胜利的重要理论基础是马克思主义，中国取得了革命的胜利，建立了新中国，使社会主义社会的理论在中国实践中得到进一步发展和阐释。这一系列事实证明社会主义制度更适合中国的发展，马克思主义是社会主义的指导思想，是指导我国社会主义建设的灵魂思想。大学生作为社会主义建设不可或缺的一部分，必须更好地了解马克思主义发展的历史过程及马克思主义的思想观点。而这些高校可以通过对大学生开展思想政治教育，全面解读马克思主义的经典著作，广泛探讨马克思主义的基本思想，深入学习共产主义的基本特征等来实现。通过思想政治教育，帮助大学生在日常学习和生活中积极、主动地去了解和认识共产主义，增强共产主义的理想信念，培养社会主义主人翁意识，以共产主义理想信念指导自己的实践行为，以社会主义建设者的心态和社会主义建设者的自觉性，将自己的学习生活与社会主义建设完整地结合在一起。

用无产阶级的思想来思考和解决遇到的问题，是高校大学生将马克思主义运用到社会实践活动中去的体现。我们都知道，世界上第一个建立社会主义的国家是苏联，我们学习的对象也是苏联。所以，列宁主义思想的学习也是大学生在高校的学习课程。我国的社会主义建设和发展的很多实践经验都是通过列宁主义思想得到的。马克思主义与俄国具体国情相结合的理论产物就是列宁主义思想，所以，大学生有必要认真学习和分析借鉴列宁主义思想和俄国在社会主义建设的实践过程中出现的一些问题和解决问题的办法，通过积极地学习和认真剖析列宁主义思想，将学习到的经验和灵感相结合运用到中国社会主义建设的过程中去，使其更加适合中国国情和中国的社会历史背景，更快更好地发展中国的社会主义建设道路。

中华人民共和国成立初始,爱国主义的凝聚力将全国人民团结在了一起。爱国主义既是民族精神的灵魂,又是民族精神的纽带,饱受封建社会奴役压迫的广大人民群众在新中国的这片蓝天之下看到了新的希望,人民翻身做了主人,再也不用经受战火的摧残,过上民族独立、人民当家做主、自由平等的生活。整个国家沉浸在这份举国欢庆的喜悦之中,人民更加热爱祖国,响应祖国的号召,积极地投身于新中国建设,为社会主义建设贡献力量。高校大学生也怀着对祖国的满腔热爱之情,以饱满的爱国热情积极投身于科教文化事业,努力学习科学文化知识,为能够更好地为社会主义建设发展做出最大的贡献。形式多样的爱国主义主题教育活动和文化交流活动在大学生中广泛开展,高校纷纷在专业课、文化课和思想政治教育课程中讲授爱国主义相关内容,将分析社会历史大事、探讨社会时政热点与爱国主义教育密切结合,使包括大学生在内的广大社会青年真正了解和认识党的正确路线,在党的领导下积极为新中国建设和社会主义事业做出自己的贡献。

中华人民共和国成立初期,不少旧的资产阶级知识分子存在于青年学生的群体里,在这样一个时期,这些资产阶级知识分子的思想政治教育尤为重要。高校应该树立一些先进模范来教育和引导青年,注重榜样的强大力量,这样有益于新一代的青年健康成长。向榜样学习,能够激发大学生的爱国热情,使大学生更加勤奋努力学习,学到真正的专业知识,并把学到的专业知识运用到社会主义建设中去,认真反思并及时改正自己的缺点和不足之处,只有这样,更多的国家栋梁之材才能从大学生中产生出来。

二、改革开放初期

(一)教育目标

改革开放初期,国家需要适当地引导大学生进行思想政治教育,使他们能够在不断研究马克思主义中学会使用集体的智慧,并且通过不断地学习马克思主义来树立无产阶级世界观。社会的建设模式不断更新,新的科学技术不断出现,认真掌握科学文化知识是青年大学生群体的首要任务,这就要求国家准确把握教育文化的前进方向,及时提出适合我国社会发展的新的人才目标,只有这样,我国的社会主义现代化建设才能获得可靠的人才支撑,我国的社会主义建设事业才能不断前进。随着社会的发展,大学生思想政治教育逐渐系统化,教材由国家教育部门专门编订,并统一提出教学规划。通过思想政治教育培养无产阶级知识分子,尤其是高校思想政治教育，让广大学生充分学习和理解马克思主义思想理论，坚持用马克思主义立场、观点、方法来认识世界和解决问题，帮助大学生树立正确的世界观、人生观和价值观，真正发挥大学生思想政治教育的重要作用，使其成为建设社会主义的重要思想理论武器。

大学生自身发展要时刻与社会发展保持一致，大学生思想政治教育要能够随着时代的变化与时俱进，对学生进行科学的指导，不断提高大学生的综合素质，使国家社会的发展与大学生群体的智慧相得益彰。大学生在日常生活及专业学习中出现的思想困惑，可以通过思想政治教育学习找到正确解决问题的方法，使他们在学习、生活和工作中能够保持更好的状态。大学生可以通过大学生思想政治教育的帮助，获得一些经验和教训，客观、正确地分析自己可能出现的不正确的做法，努力提高自身能力。大学生思想政治教育与大学生实际生活学习紧密联系，使大学生的思想发展动态能够被真正了解，进而能及时地制止一些消极悲观的不良情绪在大学生群体中蔓延，并给予其相应的帮助。

（二）教育内容及其特征

国家重视大学生思想政治教育，并将其列入学科建设中，从学科建设的角度来分析，这一时期我国尚未形成大学生思想政治教育学科的理论体系，仍然处于移植其他学科原理与总结工作经验的层次上。高校思想政治教育主要存在以下两种情况：一种情况是教学课程直接与思想教育有关；另一种情况是在其他的课程中融入思想政治教育的相关知识。全国各大高等院校从1982年开始，根据大学生群体新时期的主要特点，开设思想品德教育课程，对大学生的培养教导系统地、有针对性地、具体地进行着，使每个大学生的思想里能够植入共产主义思想，使共产主义理想坚定树立在大学生内心深处。首先思想品德教育课程在高校开设，紧接着，高校又具体规定了大学生的思想教育课程及高校教师职工的教学任务、教育方式、教学内容，以综合反馈大学生的教育教学信息。

改革开放后，随着我国与其他国家学习交流、文化沟通的增加，尤其是经济合作的深化，国外的资产阶级思潮大量涌入，对我国青年群体产生了巨大冲击。如何让青年大学生群体不受其他众多思想观念的影响，坚定不移地信仰共产主义理想，便成为这一时期高校大学生思想政治教育肩负的使命。坚持四项基本原则，坚持改革开放是高校大学生思想政治教育的主旨，同时要牢牢捍卫自己的文化思想领域底线，通过改革开放不断促进中西方文化互相交流、互相发展。大学生思想政治教育在文化交流的同时应注重共产主义思想道德学习，避免受西方资本主义思想的影响。

通过思想政治教育使大学生群体的法律意识不断增强，使大学生在改革开放的大潮下抵制住资本主义思想的侵袭。因此，高校在对大学生的思想政治教育的教学内容中增加了关于法制的教育教学课程，对大学生群体普及法律知识，让青年学生学习和了解更多的法律知识，提高整个社会和人民群众的法律意识。改革开放后，随着经济的飞速发展，我国广大人民群众的行为和思想开始变得多元化。如何在社会主义社会中规范和约束人们的行为？这需要规范学习方法，加强人民群众的法律知识的学习能力，营造一个法制氛围，使人人守法、人人知法。大学生群体的法律意识通过学习高校思想教育课程中新增设的关于法律方面的知识得到提高，这使大学生在依法守法的同时，能够使用法律武器来维护自身的合法利益。法律赋予我们每一个公民的具体权利和应该履行的义务是青年学生应该学习和了解的。高校开展法制教育学习能够有效地减少大学生群体犯错的可能性，为大学生群体能够更加健康地成长、成才提供更好的环境，减少大学生群体各种错误思想的滋生。

改革开放初期，大学生思想政治教育对大学生群体进行马列主义思想的教育教学，同时增加了国际关系方面的教育。社会主义国家的建设不是封闭式的，要结合大学生群体的爱国主义与国际主义，培育具有国际化视野的青年大学生群体，使中国社会主义发展的前进方向能够在全球的不断发展中准确定位，能够在国际环境中坚定地追求社会主义建设，使国际大环境支持国家的发展。改革开放后，大学生不能失去方向，要选择性地学习和汲取资本主义社会中有利于我国社会主义社会发展的部分，不能被不断出现的新鲜的思想观点所吞没。

大学生思想政治教育要及时掌握国内国情，了解社会主义建设的进度和相关的形势与政策，还应增加对中国民族传统美德和近代史的学习。对于中国近代史，广大青年学子必须要铭记于心，在这段历史中，无数的爱国人士找到了一条救国救民的道路。社会主义国家建设的艰辛过程是青年学生群体所必须了解的，要了解这个过程中经历了哪些难题、哪些困难，大学生要通过这段艰辛的历史鞭策自己，为我国的建设而勤奋钻研、发奋图强。中华民族传统美德是每个中国人心中的骄傲，是每一个青年学子骨子里烙印着的文化思维方式。大学生思想政治教育要求大学生进行传统美德的学习，一代代地传承这份历久弥新的中国文化。在此期间，严格规定了大学生思想政治教育固定的课时长度，各大高等院校教育大学生努力学习专业知识的同时，均必须认真学习思想政治教育课程。

用一种贴近大学生思维习惯的方式进行思想政治教育，将具体的社会实践活动加入大学生思想政治教育中，使高校思想政治教育的形式得到了丰富，让思想政治教育课程的内容更加容易被大学生理解。这种教育教学模式更适用于大学生群体的思想政治教育，逐渐培育大学生自主自觉地去理解思想政治教育的要求，让大学生思想政治教育渐渐化被动教学方式为更加灵活主动的教学方式，通过思想政治教育来提高大学生对思想政治教育学习的积极性和主动性。

三、改革开放时期

（一）教育目标

20世纪90年代以后，国内和国际环境都发生了很大的变化，我国的政治、文化、经济等方面都取得了巨大的成就，人们的生活方式随着信息化时代的到来逐渐改变，一些新的特点出现在国内各大高校的大学生群体中。大学生应该做一个什么样的人，成为大学生思想政治教育更加注重的一个方面，培育大学生成为社会主义事业合格的建设者和接班人是改革开放时期大学生思想政治教育的重要目标。

在大学生全面发展时期，国家的繁荣富强与大学生品德教育密切相关，大学生不能仅注重知识技能的学习，还需要加强对品德教育的理解和学习。思想政治教育关系着大学生的基本行为准则。全面发展德智体美劳，要求大学生能够学会自己协调学习和生活中的各种要素，促进社会欣欣向荣地发展，大学生各个方面的综合实力不会由于顾此失彼而相互影响。思想政治教育帮助大学生认识人生、了解世界，大学生通过学习马克思主义辩证唯物的方法论和观点，才能树立正确的价值判断思维，实现自身价值，变得更加优秀，做到德才兼备，用所学到的专业知识报效祖国，为我国的社会主义发展、建设做出贡献。大学生要全面发展德智体美劳，要不断夯实自己的社会实践能力，积极努力找到适合自己学习科学文化知识的方式，并使这两者紧密结合在一起。

（二）教育内容及其特征

随着我国改革开放的进一步深化和社会主义事业的不断发展，大学生思想政治教育的内容也不断完善，主要包括道德教育、思想教育、法纪教育、心理教育和政治教育五个方面。高等院校根据这五个方面开展大学生思想政治教育教学形式，在以教学为主的同时，培养大学生逐步提高政治自觉性，引导大学生关注国内政治热点，帮助大学生形成有益于自身发展、国家发展的人生观、价值观、世界观，提升大学生的道德情操，规范大学生的日常行为。通过普及法律知识逐渐提高大学生的法律意识，使大学生在未来社会群体中的生活质量得到提高。通过开展心理健康教育，锻炼大学生的意志，提高大学生的抗压能力，及时、有效地消除排解负面情绪，帮助提升大学生群体的心理素质水平。通过政治方面的教育使大学生了解人民群众有哪些基本要求，了解党在社会主义初级阶段基本路线的主要内容，从而使大学生群体更加坚定社会主义理想信仰，自觉拥护中国共产党的领导，积极投身中国特色社会主义建设事业。高校思想政治教育只要统筹协调好以上五个方面的内容，就可以全面健康地培养更多的大学生成长为国家栋梁之材，使更多的大学生成为高水平、高素质的构建社会主义和谐社会的建设者和接班人。当然，从大学生群体自身来说，要想更好地融入社会这个大的集体中去，就必须要清楚社会是什么样的，新一代青年人需要怎样做。大学生群体想要实现自我价值和人生理想，要将理论技术知识与社会生活联系起来，而且思想政治教育的学习是必须进行的。①

---

① 赵丽芳. 新中国成立以来大学生思想政治教育的发展历程及其现状研究[D]. 天津：天津商业大学, 2015.

第二章　新时代全球高校思想政治教育面临的问题及成因

第一节　全球化背景下高校思想政治教育面临的问题

我们处在一个全球化印记日益加深的时代，思想政治教育被赋予了新的时代特色。一切从实际出发，思想政治教育也是如此，其必须要从全球化的时代背景下起步，才能跟得上历史潮流，才能不落后于这个时代。

一、全球化的概念

当前，全球化已经成为包括学术界在内的任何领域都不可避免的重要问题。对"全球化"的解释，不同的学者从不同的角度入手，结论各不相同，其中有代表性的观点有以下几种：

吉登斯侧重从制度的角度着手，把现代性的各项制度向全球的扩展理解为全球化。他认为"全球化"无所不在，小到家庭，大到社会管理的结构。

于而根·弗里德里希从网络化角度着手，认为"全球化"是一种状态，是一种不断强化的网络化的过程。

罗兰·罗伯逊等从文明和文化的角度着手，认为全球化的历史是通过人类文明的历史展现出来的，全球化长期过程中的主要任务是界定和建构文明形象，全球化进程的显著特征是扩展全球文化相互联系的状态。

自白派经济学家从经济角度着手，将在世界范围内经济活动的相互依赖称为全球化，致使资源的界限不超越民族国家，在全球范围内合理配置、自由流动。

著名的罗马俱乐部从危及人类共同命运的全球性问题的角度着手，将人类关于环境恶化、资源匮乏等共同问题称为"全球化"。詹姆斯·密特曼从较为综合的角度着手，认为全球化是过程和活动的综合化。

此外，赛约姆·布朗的"世界政体论"、詹姆斯·罗斯诺的"全球化动力说"、肯尼思·华尔兹德"全球化治理论"、罗伯特·基欧汉和约瑟夫·奈的"全球化比较观"、托马斯·弗里曼的"全球化体系论"等一些有影响的西方学者都对全球化进行过相关描述。

我国学者在全球化问题上的争论也日趋激烈，主要包括以下几个方面：有学者认为全球化既是一种客观事实，又是一种主观虚构；全球化是资本主义的，也是社会主义的。有学者提出，经济全球化是大势所趋，那么文化全球化、政治全球化是否存在？全球化到底是西方化、美国化，还是现代化、中国化？对于像中国这样的发展中国家来说是利大还是弊大？

国内外学者对于全球化从多角度进行的不同论证和解释，都有一定的道理，让我们对全球化的多维度特征有了更好的理解，但仅从一个侧面、一个领域考虑全球化还存在不足。在此基础上，我们认为，全球化是一个客观的历史过程，这个过程不以人的意志为转移，在此过程中，人类不断跨越国家、民族的地域，超越文化、制度的障碍，彼此间日趋紧密地交流、沟通和联系。国家之间的影响日渐增强，相互之间取得共同的认识，采取共同的行动，从而改变和影响着整个人类历史的发展趋势和进程。

二、全球化的发展历程

（一）全球化的历史渊源

马克思和恩格斯早在 160 年前就为世人描绘了一幅全球化早期的图景："资产阶级，开拓了世界市场，使一切国家的生产和消费都成为世界性的了。过去那种地方的各民族的自给自足和闭关自守的状态，被各民族的各方面的互相往来和各方面的互相依赖所代替了。"[①]

马克思根据对早期全球化的历史渊源的仔细分析，将它分为三个阶段。第一阶段是 15 世纪到 17 世纪中叶，随着美洲和东印度航路的开辟，世界性交往初露曙光，西方资产阶级热衷于冒险性的远征，于是越来越扩大的"世界市场"取代了原本很小的地域性市场。第二阶段开始于 17 世纪中叶，一直延续到 18 世纪末。这一时期，瓜分世界市场成为各资本主义国家斗争的主题。当时作为欧洲乃至全世界经济中心的英国成为海上霸主。第三阶段是 18 世纪末到 19 世纪中叶，这一时期第一次工业革命在以英国为中心的全世界范围发生了，生产方式的初步现代

---

① 马克思，恩格斯. 共产党宣言[M]. 北京：人民出版社 . 2015.

化实现了,不断发展的世界市场导致世界化的意识形态、政治、道德和宗教等渐渐出现。

(二)全球化的发展现状

全球化就像一把"双刃剑",在给我们带来机遇的同时,也带来了严峻的挑战。伴随着全球经济、政治、科技、文化的协同发展,全球呈现相互依存、共同发展的局面,人类社会在真正步入信息化的同时,全球经济、文化一体化交融在一起。全球化的发展对世界各国也有不利的一面,资源与能源的短缺、信息的爆炸性增长、环境污染与生态失衡、机器人与自动化的威胁、人口爆炸与粮食危机等国际性社会问题不断出现,恐怖主义、种族冲突、"黄赌毒"和艾滋病等一系列问题接踵而来。

更重要的一点是,以经济为主导的全球化对政治、文化和意识形态的影响广泛而深刻。世界政治格局的变化与全球化趋势之间产生了强烈的互动作用,政治制度的单极化和多极化的斗争在世界政治格局中出现新的表现形式。作为主导者的西方发达国家,通过民主、人权、民族、宗教等问题,逐渐增强对别国内政的干涉,妄图利用经济全球化,将其在国际条约及惯例中的先导优势付诸政治制度的全盘西化和美式民主的"新殖民化",特别是对于发展中国家,更是渗透到了经济、政治及社会发展的方方面面。换句话说,全球化对发展中国家的国家主权、文化、经济、社会、生态等带来了新的挑战。可以预见,全球范围内各种文化和意识形态的冲突会更加频繁、激烈和广泛。

(三)全球化的发展历程及趋势

纵观全球经济百年风云,全球化大致可分为三个重要时期。19世纪中后期至20世纪初为第一个重要时期,此阶段,资本和劳动力开始突破国境转向国际市场流动,国际贸易迅速发展。第二个时期是经过两次世界大战之后,于20世纪50~60年代得到进一步发展,这个阶段的主要特征是跨国公司的大量出现,全球贸易制度和金融体制逐渐成形。20世纪70年代至20世纪末,世界主要国家迎来了信息革命,并迅速形成了科技浪潮,这就是第三个重要时期。在这一时期内,资本以技术和制度的创新等形式迅速席卷全球,越来越多的国内企业走出国门,将其经营发展融入了全球化过程中。对比来讲,第三个重要时期仍在发展,其速度和规模不可估量。

学界有一种主流观点,主张真正意义上的全球化始于20世纪90年代,如联合国前秘书长加利曾在1992年联合国日讲道:"第一个真正的全球性的时代已经到来了。"到20世纪90年代,"一个名副其实的,全球规模的世界市场已经形成。国际贸易、国际金融、国际投资和跨国公司都得到了空前的发展,从而使经济全球化的趋势成为当代世界经济最鲜明、最显著的特征,成为世界经济运行的主旋律"。

进入21世纪,世界全球化的道路正在继续,其势头迅猛,势不可当。总的来看,全球化起步于各国的经济层面,随着时间的推移,逐渐渗入政治、文化、生态等各个方面,从根本上改变了人类社会和全球的形态。

全球化不是"免费的午餐",中国在主动融入全球化的过程中必然会面临着许多困难、阻碍和冲突。应对全球化,我们必须秉持以下几点:第一,面对全球化的时代潮流,我们必须积极主动,敞开胸怀,以更加积极的姿态走向世界。在和世界的双向互动中促进发展和建设,这是实现中华民族伟大复兴的重要推动力。第二,在参与全球化的进程中,要做到一切以人民根本利益为出发点,坚持社会主义制度,坚持正确的态度和观念,保持自我意识形态的本色和独立性,坚持根本原则和基本方向。要充分利用全球化的发展机遇壮大自己。第三,要保持高度警惕性,做到自觉抵制"泛西方化"的主义和思想,杜绝和预防突发事件和风险,牢牢把握维护国家社会稳定和经济、政治、文化等各方面的安全这一基本前提,与西方发达国家的"民主殖民"和分化进行坚决的斗争。

上述问题是我们思想政治教育必须面对的现实背景,是我们在建设中国特色社会主义的过程中要面临的基本问题。由于全球化的思潮,新的社会环境中的思想政治教育活动,其教育内容、方式方法、主体、客体等都会受到一定程度的影响。因此,思想政治教育如何为更好地建设中国特色社会主义服务,并能主动应对全球化的挑战,这是时代对我们提出的新课题。[1]

第二节 全球化背景下高校思想政治教育面临的影响因素

在全球化背景下,思想政治教育的相关因素发生了很大的变化,而其有效性问题研究论域的基本构成并未发生变化。我们要了解全球化背景下影响思想政治教育的因素,刻不容缓地探寻对策,增强思想政治教育的有效性。本小节主要从环境、教育者、受教育者、教育内容、教育方法五个方面探讨影响思想政治教育的因素。

---

[1] 吕康辉.全球化背景下的思想政治教育有效性研究[D].福州:福建师范大学,2002.

一、环境的制约性

社会环境对于一国的发展尤为重要，思想政治教育也是如此。思想政治教育要实现发展，其前提和基础就是要有一个良好有序的环境。社会环境为思想政治教育的进步提供平台和先决条件，它是客观存在的，但会受到各种因素的影响而具有好坏之分。思想政治教育只有逐步与整个社会的环境协调一致，才能增强思想政治教育的有效性。

马克思认为，人的本质并不是单个人所固有的抽象物，在其现实基础上，它是一切社会关系的总和。这一观点全面揭示了人与所处环境之间的关系，两者彼此影响，环境的存在促使人本身的特点不断变化，而人在变化过程中必然会改变其所处的环境。因而，我们可以得出这样的结论：虽然自然环境客观存在，但具有主观能动性的人的意识是可以改变的，进而决定了人的行为的多变性。促使人改变的客观因素是环境，而环境在具体条件下又可以分为不同层次，如时代和社会的大环境以及每个人具体所处的组织环境。思想政治教育是对人的思想政治素质的培养和提升，它同样要有一个具体的社会环境做支撑，但思想政治教育也会受到社会环境的影响和制约。比如，思想政治教育的内容、方案、手段、阶段等，都要以社会环境为前提和基础。良好的实践环境可以促进思想政治教育的有效进行，但在很多时候，它们之间存在或大或小的矛盾，不能够很好地协调配合，使思想政治教育的效果不尽如人意。

（一）全球化中高校思想政治教育的有效性相对弱化

在全球化日益加深的今天，正处在深化改革谋发展的关键时期的中国，由于缺乏正确有力的引导，社会环境的多元化发展使思想政治教育的效果大打折扣。

第一，市场经济固有的缺陷和弊端增加了思想政治教育的难度。改革开放以来，市场经济不断发展，极大地丰富了人们的物质文化生活，但也在冲击着人们的传统价值观和正确的思想。再加上西方主要发达国家搭经济全球化的"便车"，从未停止宣扬其资本主义的价值体系的优越性。综合这些因素，中国国内出现了一部分人，他们崇尚拜金主义，一切向钱看，一味追求个人利益，抛弃了中国优秀传统的观念和道德体系，抛弃了共产主义理想，在错误的道路上越走越远。这些都使思想政治教育难度加大，效果弱化。

第二，思想政治教育在复杂多变的国际环境下面临更加严峻的形势。当前，世界上社会主义国家在数量上并不占优势，社会主义运动前路坎坷，西方敌对势力更是利用世界兴起的全球化浪潮来瓦解、分化包括中国在内的社会主义国家，它们不断从经济、政治、思想、文化等各个层面进行渗透，从未放弃"和平演变"

的阴谋。

第三，全球多元文化的冲击阻碍了思想政治教育的发展。伴随着全球化步伐的加快，西式的生活方式和娱乐文化在中国得到广泛传播，这对中国传统的优秀思想文化形成冲击和挑战。就我们本身而言，属于发展中国家的国民，思想解放不过数十年，精神世界和文化娱乐生活却已饱受冲击，人们对丰富的精神娱乐活动的追求可以理解，但如果没有有效引导和规制，就会陷入盲从和迷失，适得其反，不能实现个人精神境界的提升和进步。所以在全球多元的文化冲击下，思想政治教育的发展频频受阻。

第四，随着市场经济的迅速发展和经济全球化的逐步加深，人们的工作重心已经向经济层面转移，逐渐忽略了其他方面，这很容易产生视经济为唯一的错误思想。在这样的氛围中，一些共产党员的理想信念越来越模糊，甚至有些动摇，斗志被削弱，变得道德观念淡薄，并且扭曲了社会道德尺度和价值尺度，在工作中"一手硬、一手软"。这样的客观现实还没有从根本上被扭转，导致思想政治教育的有效性被大大降低。

第五，随着社会主义市场经济体制的逐步建立、改革开放的不断深入、与全球的冲突和融合越来越频繁，人们的思维方式、思想观念、生活方式及工作方式都出现了较大的变化。许多关于社会生活各方面的新的情况和问题都出现了，特别是全球性问题，并且这些问题的发展和变化远远快于思想政治教育理论的发展。人们的社会需求得不到满足，从而导致思想政治教育的有效性直接降低。

（二）全球化下高校思想政治教育环境不容乐观

思想政治教育实践环境是思想政治教育工作开展的平台和前提基础，它会在很大程度上影响到思想政治教育的实际效果，甚至在某些条件下成为最主要的影响因素。从理论上讲，人的意识、感受、动机、目的和价值取向都会受到实践环境的直接影响。总的来说，我国思想政治教育的实际效果在实践环境上受到以下几个方面的影响。

1. 社会转型中出现了错误的价值导向

我国正处在社会主义初级阶段，各方面体制处于不断进行深化改革的时期，现阶段推行开放的改革政策，市场经济机制发展尚不健全，所以产生消极负面影响的机会较大。随着经济全球化的加深，借此"搭便车"的西式错误价值观念和腐朽的文化体系逐渐扩大传播领域，金钱至上、享乐主义开始在我国社会出现，这些腐朽的思想严重影响了人们的社会价值取向，它们甚至被扩散到了校园里，毒害到了防御能力薄弱的学生，从而导致他们在三观树立的重要时期走向歧途，使他们的发展受到严重阻碍。这些错误的价值导向往往会导致在进行正面思想政治教育时，使学生产生抵触情绪，从而降低思想政治教育的效果。

2. 全球多元社会信息结构中负面信息的冲击

随着获取全球化信息的渠道越来越多，人们原来相对平衡的认知心理结构被打破，面对社会信息的复杂多样，负面信息很容易引诱一些没有正确认知判断能力的人，特别是那些外表完好、内在腐烂的负面信息，容易让人们在潜移默化中对正面思想政治教育产生怀疑和否定的抵触心理。

3. 思想政治教育的成效在一定程度上会受到小气候的影响

在思想政治教育遇到的诸多阻碍中，除了自身存在不足，更重要的一点是，对思想政治教育指责的态度一直在一些人中存在，这无形当中进一步扩大了思想政治教育的负面影响，如高校中经常出现"两课"受到"挤兑"的现象。

（三）存在思想政治教育的方式方法相对落后的问题

改革开放以来，我国在经济、政治、科学、文化等多个领域出现了新形势，在经济全球化和全面深化改革的实际情况下，多样化的发展趋势在经济利益和经济成分、社会组织形式、社会生活方式、就业形式和就业岗位等方面表现得都较为明显，这些方面出现的新变化必将影响到人们的思想意识、价值观念和行为方式等。传统的思想政治教育尚未实现自身的完善和发展，就已经出现了"短板"和缺陷，主要包括针对性较弱、覆盖面较窄和方法手段滞后等。我们以前的教育方式、方法在计划经济条件下适用，但是在当前这个复杂多变的现实情况下已经不再适用，而且还出现相对落后的情况，于是就会陷入新方法不是没有就是不会用和旧方法不管用的尴尬境地。由于传统思想政治教育在操作应用层面上和理论层面上相对落后，思想政治教育的有效性大大降低。

二、教育者的主导性

从现代的教育观点来看，在思想政治教育过程中，教育者的引导作用不可忽视，他为被教育者指明方向，督促和促使被教育对象养成优秀的道德习惯，然而在进行思想政治教育的过程中，教育者的身份和作用会发生重叠，他不光是思想政治教育手段的运用者，还应满足现代思想政治教育过程中对于社会的要求，更体现了当代先进的社会意识和优秀的思想与道德体系。所以，能不能突破矛盾障碍，能不能发挥主体作用，能不能使教育者与受教育者和教育环境协调合作，都是制约和影响思想政治教育效果的重要因素。当前，思想政治教育有效性弱化的关键之处是思想政治教育者和全球化时代规定的新要求存在较大的差距。

（一）思想政治教育者的自主意识不强烈

思想教育者不重视自己的职责和角色，不仅是因为德育职业心态（包括德育教师）的缺失，也可能是历史和现实中存在的很多原因，使他们没有强烈的主体意识或者缺乏强烈的自主意识，并且他们在职业角色的自我认知上有一些障碍，使他们没有充分发挥主体作用。这一障碍一直延续到现在的全球化时代，对思想政治教育者主体精神的培养及思想政治教育中主体价值的有效实现造成了严重的负面影响。在全球化时代，思想政治教育要想得到发展，就需要培养复合型的高素质思想政治教育者，他们既要熟知全世界通用的经济学原理，又要拥有更加开阔的全球视野和创造能力，同时还要熟练掌握思辨能力、灵活运用多种手段来开展思想政治工作。现在尤为紧迫的是，全球化时代对教育者的主体意识提出了更高的要求，但思想政治教育者团队还存在许多问题。首先，能够充实到教育队伍中的只有一小部分从事思想政治工作的人，这导致主体队伍不稳定，随着时间的变化，大部分人的去向分流都会成为问题。当前重要的工作是教育管理者要在这支队伍的建设上给予足够的重视，以政策和制度为保障，完善这支队伍的发展方向，稳定成员的思想，让这支队伍的工作积极性和工作效率得到大幅度的提高。

（二）思想政治教育者的整体素质不高

全球化给思想政治教育者带来更多的困难和挑战，其中，能够实现思想政治教育工作有效性的一个迫切要求是提高教育者的素质和增强从业能力。作为思想政治教育实践活动的主体，他们在思想政治教育实践活动中具有领导作用。思想政治教育者的言行举止、知识水准、道德修养、政策水平、政治立场、人格魅力、敬业精神、实际工作能力等会对思想政治教育对象产生重大的影响，这些方面会直接影响思想政治教育的有效性。思想政治教育工作者只有素质高、能力强，才会树立高威信，得到教育对象的信任，这样思想政治教育才能保持高效、优质。反之，思想政治教育工作者具有的素质越低，能力越弱，树立的威信就会越低，很难得到教育对象的信任，也就很难实现思想政治工作的有效性。思想政治教育者要紧紧跟随时代步伐，永不停止前进的脚步，努力提升自身综合素质，最大化地实现身为教育者的真正价值。对于思想政治教育者，最重要的是要培养和提高以下六个方面的素质。第一，要真正地进入"角色"，培养起职业自豪感和强烈的使命感。第二，要坚持正确的政治信念，努力提高自己的政治素质。要实实在在地"真学、真信、真干"马克思主义，必须要"信其道，行其事"，不能只是做一个为了完成职业要求而"有口无心"的传播者。第三，要掌握扎实的马克思主义理论基础，以及渊博的科学技术和人文知识。第四，要不断提高自身品德，加强对高尚人格的塑造。第五，要努力探索，锐意创新。第六，要借助信息化时代的社会环境，开创思想政治教育工作的新模式、新思路。

三、教育对象的接受性

思想政治教育的有效程度在于受教育者的接受程度，因此探究影响思想政治教育的原因的一个重要方面，就是从受教育者的接受角度来思考。

在思想教育过程中，受教育者作为客体，会从教育者传授的教育内容和对教育环境的一个认识，完成对自我性格和品质的分析过程，进而对自己的道路进行规划，树立自己要追求的目标，并结合教育内容，不断充实自己，提升自我。相对于教育者来说，需要认识并了解的内容大体包括自己面对的教育者、被传授和教育的内容以及教学的内外部环境。因此，我们可以看出，受教育者在被教育的过程中扮演了实践对象和认识主体这两种角色。造成教育失效的原因是教育对象的要求与自我发展的内在需求以及教育对象的要求与教育者要求之间的差距，这影响了受教育者的主观能动性，并进一步影响了思想政治教育的效果。具体来讲，此种问题主要体现在以下四个方面。

（一）受教育者对思想政治教育的认识不足

在思想政治教育过程中，作为直接受益者，受教育者接受思想、政治、科学、道德等方面的教育，这不仅是受教育者发展自身文化素质和整体文化水平的需要，也是国家和社会乃至整个世界能够长期稳定发展的重要需要，可惜的是，不是每一个受教育者都能清醒地、自觉地认识到这一点（即便是大学生）。他们总是被世俗的实用主义、功利主义所影响，以自己的行为习惯与思维定式作为出发点，做出错误的选择与判断，并得出错误的结论，从而认为思想政治教育对自身发展价值不大或者没用。面对这种情况，受教育者往往缺乏一种积极的、全面的发展自我的动力和一种自身要接受教育的强烈愿望与需求。所以说，德育课是一种被动的"要我受教育"，而不是一种主动的"我要受教育"。这样一来，要为教育提供一个好的开端，就要让受教育者意识到接受思想政治教育对今后人生发展的重要意义。

（二）受教育者经验认识背景的障碍

直接决定受教育者对思想政治教育态度的是认知体系，这不仅直接影响了思想政治教育的效果，还干预着受教育者对思想政治教育的接受程度。德育和智育有着很大的区别，在智育教育的整体过程中，教师对学生传授的知识和技能具有绝对的权威性和肯定性，但是德育不同，由于德育与智育的价值观不同，德育就有"相信不相信"的问题，而智育就不存在。因为在接受教育或在被教育影响之前，接受思想政治的教育者就已经存储和积累了一些自己认为很正确的道德经验，他们会将教育者传授给他们的德育内容，与自己认为正确的经验认识和自己未来的人生的道路、整个社会环境和教育者的实际行为进行反复对照，再加上自己初步的认知，以此来确定它的意义和作用。因为社会实际生活中有许多负面启发和教育方式的缺陷，德育内容中的一些社会高尚思想道德要求就不能很容易被接受和认同，还有一个重要的原因是受教育者存在自我认知，这就会造成一些受教育者对思想政治教育的看法不同、排斥或者无视。

（三）受教育者的心理障碍

从理论上讲，受教育者与教育者的地位在思想政治教育过程中是平等的，从实践上看，在思想政治教育的过程中，教育者是处于主导地位的，因为教育者会先确定对受教育者进行思想教育的目标和任务，再了解并掌握受教育者的现状和思想，然后才对他们进行教育指导。这样看来，受教育者总是处于被动地位，在这一过程中作为被研究的对象，其产生被动、消极的心理情绪是因为一种差距，一种教育者与受教育者由自身整体的文化素质和水平不同而造成的差距。

思想政治教育者的价值观念、好恶偏向、思维模式等方面的变化是因为全球化的到来。如何找寻提高思想政治教育有效性的出路，这一问题的出现就给思想政治教育带来了新的挑战，这就急需我们依据新问题、新情况去了解教育对象的特点和心理，从而找出答案。

受教育者的接受性有以下三个特点。一是具有能动性。在受教育的过程中，受教育者需要靠能动性的发挥才能实现认识上的飞跃、思想上的升华。二是具有选择性。从受教育者的需要、认识和态度上来看教育的作用怎么样，这需要其自身的灵活选择和取舍。三是具有结构复杂性。思想品德是一个集多种系统、多种层次、多种形态的特殊融合体。教育者在教育影响下对教育内容的选择、分化和融合就是接受性。根据接受性的这些特点，如何才能达到好的效果，我们只有对教育对象、教育实践及自我认知进行综合性分析，才能得到答案。影响受教育者对思想政治教育的接受的因素是他们的需要，接受的推动力也是需要，因为教育对象在性别、年龄、心理、生活环境、接受教育的程度、整体的思想道德水平、处于的社会地位等方面的不同而出现一定的区别。所以，把握和解决教育对象最为在意、最为关注、最为上心的热点问题是在开展思想政治教育活动时，使思想教育的教育活动的本质、涉及的内容及如何实施的方法都能够适应和满足教育对象合理正确的需要，同时要想尽方法培养和引导教育对象积极健康的接受动机，纠正教育对象对错误动机的需要，让教育呈现更好的效果。受教育者的接受性能够反映出思想政治教育的有效性，使思想政治教育产生良好效果的重中之重是培养和增强社会受教育者如何去接受。

（四）教育内容的适应性

第一，紧密联系社会现实。目前，我国正处于深化改革谋发展、加强社会主义精神文明和物质文明建设的过程中，为了提高学生的辨别力，使他们对现代社会上歪曲的理论和不切实际的吹嘘能够保持清醒的头脑，区别善恶，辨别是非，最终确立正确科学的人生观和世界观，我们的思想政治工作就一定要结合改革开放以来我国取得的巨大成绩，还有一些随之出现的遗留问题，结合我国现在所处的国际大环境，实实在在地查找问题和反映问题，让学生去观察和比较，去分析和判断，从而提高他们的能力。第二，保持与学生思想实际沟通渠道的畅通。大学生喜欢探寻新问题、新难点。对目前这个社会，他们有着自己独立的思想和独特的看法，作为思想政治工作者，我们要透彻地了解学生的思想动态，通晓他们的关注热点，正确地引导他们的思想方向，帮助他们解答疑问。为了能达到预期的效果，思想政治工作要符合学生的思想实际，当他们对问题持有不同的认识和看法时，我们不能用权威来打压他们，也不能用行政手段来处理复杂的思想认识问题，应该认真引导，用道理、事实来说服他们。第三，密切联系学生群体（或个体）实际。因为性别、年龄、文化水平、思想道德水平等方面的不同，导致学生看问题的角度和方式不同，解决问题的方法也不同。学生本身有比较大的差异，因此思想政治教育不能只用一种方法去解决问题，应该根据学生群体（或个体）的实际情况去区别对待，因人施教，提高思想政治工作的针对性是增强教育的接受性的重要方法，也是缩短教育者和受教育者在精神上的距离，使受教育者对教育内容感兴趣的重要方法。

针对性是思想政治教育的一项重要要求。在经济全球化这个背景下，思想政治教育要先针对经济的波动性，我们开展思想政治教育的方法与内容不能一成不变，更不能不看、不听、不创新，要及时了解国际经济出现的动荡和波及的效应，及时地做出有针对性的解决方案。如果我们的思想政治教育工作和宣传工作没能及时做到位，就会在思想认识上出现"短板"，不能及时地应对和解决问题。

作为社会主义国家的中国，要做到道路自信，始终坚持自己的社会主义道路，"社会主义的本质是解放生产力，发展生产力，消灭剥削，消除两极分化，最终达到共同富裕"。[①] 导致国际两极分化严重的原因可能是经济全球化，面对经济全球

---

① 中共中央文献编辑委员会. 邓小平文选[M]. 北京：人民出版社，1994.

化，各国之间不断加强经济贸易协作，同时各国之间的竞争也更加激烈。20世纪，世界经济发展很繁盛，但是人类贫富差距很大。若这种情况在21世纪还不能改变，世界的两极分化将会进一步加剧，许多发展中国家将失去与发达国家合作共赢的机会。我国不仅要高举爱国主义的旗帜，更要保证公平合理，伸张正义，爱好和平，发扬国际主义精神，维护整个世界人民的共同利益。

加入WTO后，我国社会主义市场经济在经济全球化这个大环境下，需要面对不同方面的压力与挑战，这就要求我国各方面的人才更能勇于挑战，积极进取。因此，思想教育者必须拓宽和丰富思想政治教育的内容。在道德观方面，要注重爱国主义教育及公民道德教育，要积极去履行自己的义务以维护国家利益。在价值观方面，要坚持集体主义教育，同时要引导学生树立自信、自尊、自立、自强的品质。在政治教育方面，需要补给社会主义正能量，树立共产主义理想，坚定走有中国特色的社会主义道路的信念。此外，还应加强对人的本质、价值、行为、人际关系和社会交往等内容的教育，这样才能使学生更好地适应现代社会。

能够体现教育内容的适当性的是针对性。受教育者是否愿意接受教育，关键之一是看教育内容是否因地制宜。如何加强教育内容的因地制宜，就需要结合马克思主义理论、观点和立场来解决学生探索和思考的现实问题，引导他们的不良思想重新回归到正确的方向上来，并解决他们的一些合理要求和困难。目前，我国思想政治教育内容和实际存在的不同步，严重影响了其成效。

内容繁杂凌乱，不紧密联系实际的问题严重存在于思想政治教育过程之中。我国缺乏对思想政治教育的核心含义的认识，尽管思想政治教育工作已经做出了很大改善，高校思想政治工作者也不断地改进工作，但是教育方式与内容没有反映出思想政治教育工作的紧迫性和时代特色，对其性质、任务、目的和功能的认识仍然存在"短板"，更不用说满足社会要求了。

在目前全球化的时代背景下，社会主义市场经济体制日趋完善和成熟，思想政治教育必须与时俱进，以此来适应现代人们逐渐增强的自我独立意识和自我实现意识，以及不断多元的价值认同观。所以，建立在适应新情况的基础上是现在思想政治教育的重中之重，但是长期以来教育者只是一味地运用课堂宣讲、灌输等教育方式，使思想政治教育和实际情况相脱节，降低了思想政治教育的成效。

总的来说，国际局势无时无刻不在发生变化，经济全球化进程不断向前发展，这给了我们借鉴和吸收其他国家的有益文化成果，来丰富我国思想政治教育的内容与方式的机会。全球化是一把"双刃剑"，这是毋庸置疑的，思想意识形态的矛盾也日益复杂和凸显，这给我国高校思想政治教育工作带来了很大的挑战，我们要时刻警惕他国文化思想的渗透，切勿受其迫害。①

第三节　国外高校思想政治教育的思考与借鉴

长期以来，世界各国所重视的思想政治教育是人类精神文明产生的一种实践活动，它推动了生产力的发展，也推动了社会进步，因此任何事物都无法取代它在这个过程中所起的作用。由于意识形态和社会政治制度的差异及历史传统和文化背景的不同，思想政治教育作为人类精神文明生产实践的一个重要结果，在东西方国家中具有不同的特点，但普遍共性和特殊个性并存。邓小平同志指出，"社会主义要赢得与资本主义相比较的优势，就必须大胆吸收和借鉴人类社会创造的一切文明成果"。② 经济全球化和政治多极化是现代社会的主要特点，要想研究、把握当代世界思想政治教育的发展方向，我们必须学习世界各国在相关教育历史中的先进理论、科学方法和成功经验，这样对思想政治教育规律的认识才会逐步深入，才会借鉴人类社会创造的一切文明成果来发展自己。

一、国外思想政治教育简介

（一）"渗透属性"和"隐蔽属性"是西方国家思想政治教育所具有的特点

"公民教育"是美国思想政治教育的总称，对本国人进行公民教育是美国历史上不同时代的资产阶级政治家、思想家和教育家都特别看重的一种教育，并在漫长的教育实践中逐步发展，形成了一个公民教育理论体系，它的核心是资产阶级政治思想，其中包括公民宗教教育、政治价值观教育、施政纲领教育、行为规范教育等基本内容。"渗透属性"和"隐蔽属性"并重是美国公民教育的特点之一，基本做法是把政治和道德教育等内容添加到一些学科之中。从表面上来看，在美国没有专门的思想政治学科，然而从本质上来讲，美国的教育工作无时无刻不渗透着思想政治教育的内容。利用这种潜移默化的方式，把思想政治道德观教育的内容灌输到了受教育者的头脑之中，使其易于接受并消化、吸收，从而提高了思

---

① 吕康辉. 全球化背景下的思想政治教育有效性研究 [D]. 福州：福建师范大学，2002.
② 中共中央文献编辑委员会. 邓小平文选 [M]. 北京：人民出版社，1994.

想政治教育的实效性。但是，这种方式易使人误解，从而产生错觉，似乎西方国家是没有思想政治教育这个学科或课程的，而且从来不在意识形态领域进行宣传和说教。虽然西方国家的社会呈现了多元化，但其正统的政治观念和价值体系仍是一家独大，换句话说，就是仍然坚持一元化。思想价值体系的外在表现多元化与内在实质一元化成为西方发达国家思想政治教育的最重要特征，其多元化社会的运行依旧是以一种政治价值观念为前提和基础的。

（二）西方国家思想政治教育的核心内容就是政治社会化理论

公民教育理论是美国的思想政治教育理论，它的核心是政治社会化理论。这个理论是当代西方政治学领域中一门新兴的分支学科，虽然是新兴的学科，但该学科的地位却很特殊，因为它相当于整个西方资本主义社会的思想政治教育学原理，蕴含着十分丰富的资产阶级实质性的思想政治教育内容。

政治社会化理论认为，特定政治文化在一定程度上影响了公民的政治行为和政治活动，以及整个政治体系的行为和活动。因此，政治文化是政治社会化最关键的一部分，它是指一定数量的社会成员所拥有的共同的政治信仰和政治态度。政治社会化理论是一种政治信念、政治准则和政治价值，主要研究人们如何去获取一种带有社会政治文化特征的方法，并通过此种方法促进某种政治文化的传承和进步。该理论还认为，政治体系的稳定性、发展状态和阶段和其一体化的程度等方面，与该政治体系的本质和构造是不可分割的。对每一个政治实体来讲，其自身的社会化即内部的自我传播的程度越高，其政治文化水平越高，就越能保证其社会政治体系的成熟性和稳定性。政治社会化理论不仅适用于资本主义政治文化的传播，也已经成为一套较为成熟的理论机制，使某种政治文化的传播能够进行合理和有效的剖析和总结，有利于资产阶级的政治统治和社会控制，从而确保资本主义制度的长期运行及国家的安全强盛。著名政治学者罗伯特·达尔曾经指出，意识形态在维护国家统治中的作用，为了能够说明和论证国家统治的合法性，任何国家的政治体系的领袖都要维护和弘扬这样一种政治意识形态。政治社会化理论要想配合统治阶级实现其统治，需要借助政治文化这种工具来实现社会政治职能的持续、转型以及发展。从本质上来讲，该理论的运行程序，就是以此理论作为前提和基础的，结合多种手段，培养出符合某一特定政治制度要求的人，这是它的目的所在。其内涵包括两部分：一是某一特定政治实体内的组成人员对该体系下政治文化的吸收和接纳，培育自己与之相应的政治主张和观点；二是该特定的政治实体对其处于主体地位的政治文化的发展和传承。政治社会化理论非常在乎其自身的应用实践过程，根据人不同的生理和心理特点，其生命的整个维度可以细分为无数阶段，不同阶段中其学习的特征各异，从而对每个人的政治主张和观念产生不同程度的作用。总的来讲，该理论在资本主义国家的实践运用主要表现为以下三点：一是政治社会化网络的建设，主要通过新闻媒体、网络等舆论媒介潜移默化地对公众起到作用，再结合科学技术、经济制度、法律制度及军事力量等各个领域，把该理论与政治社会化紧密联系起来。同时，有意识地把特定的政治主张和观点渗透到公众生活的各个角落，其侵蚀性难以估量。二是通过经济发展来巩固政治统治的基础，为政治社会化的发展推波助澜。三是在政治文化的传播过程中，使起着不可替代作用的学校教育成为最具效能的政治社会化工具。

保持社会稳定和国家长治久安的一项根本性战略措施就是避免轻视个人的政治社会化进程。换句话说，狠抓思想政治教育，这种手段是世界各国都应当必须采取的。对中国来讲，应借鉴发达国家的先进且具有通用性质的经验和做法。

（三）国外大学生的思想政治教育的个性与张扬

作为社会实践活动的一种普遍形式，思想政治教育已在全球遍地开花，它的普遍适用性可以无视国与国之间的差别，虽然表现出来的形式各异，但从本质上和规律方面可以提炼出共通点，而其内涵颇具实效，方法多种多样。

首先，国外的思想政治教育内涵极其扎实和充分，他们把思想政治教育的时效性和特殊性作为工作重心，并将其纳入大学生社会活动及生活的方方面面，逐步培养大学生形成符合主流价值体系的三观，并且在此过程中弘扬善良、正义等价值的标准，从而使传播的主流价值与全球化的时代步调一致，并促使民主、人权、和平等成为具有普遍适用性的全球观念。

其次，国外思想政治教育途径绝非单一。在进行思想政治教育这样的社会实践时，西方国家不断探索各种方式方法，力求保持其思想政治教育工作的时效性和灵活性，具体来讲，在进行"通识教育"的实践活动中，不断重复传播和教授其主张的思想政治教育内容，并将其应用到科学文化课程中去，既保持了隐蔽性，又保证了有效性。

最后，国外思想政治教育的途径涉及面极其广泛，它注重学校、家庭和社会三位一体的结合，相互促进和加强彼此的功能，形成了一个全面立体化的教育网络。究其原因，主要是考量到家庭、学校、社会的功能各不相同，但都是思想政治教育传播的平台和工具。借助这样一个立体化的教育网络，大学生在其中任何一个平台中都能体悟和吸收知识，从而有利于自身思想政治素质的提高和进步。

二、对我国高等学校思想政治教育的借鉴意义

（一）在借鉴国外思想政治教育模式的同时，勿忘赋予其自身的本特色

国外思想政治教育模式的主要功能是维持其政权统治，但就其普遍性意义来讲，其内涵、途径与我国思想政治教育模式并无二致。但基于客观环境和基本国情，我国的思想政治教育工作的实效性有待提高。作为拥有数千年历史的文明古国，我国在进行思想政治教育时也不能忽略了新时代的新形势，在深化改革谋发展的攻坚时期，必须要将优秀传统与改革创新有机统一起来，既要将优秀传统文化发扬和传承下去，又要不断进取、锐意创新。每个人都要肩负使命，争做富有时代精神、民族精神和创新精神的时代青年，这样才能使思想政治教育永葆生机。高等院校的使命是教书育人，培养人才，在新形势下要保持警惕，时刻自律自省，努力探索新的思想政治教育模式。

（二）更新观念，认真分析学生的特点，把握思想政治教育的正确导向

教育现状赋予高等院校十分重要的任务。具体来讲，学生出生成长的最初20年，在应试教育下已经丧失了创新能力和个性，导致了同质化和单一化。进入大学后，接受了高等教育，其思想、社会生活、娱乐活动会受到冲击，发生天翻地覆的变化，此时若没有合理的克制和人生目标的规划，将会迷失自我、骄奢淫逸，从而荒废学业，与社会脱节。因此，作为思想政治教育工作者，就应该透彻剖析这一现象的本质，积极转变工作态度，保持与学生的沟通渠道畅通，及时疏导，进行心理干预。在此过程中，要有机结合我们弘扬的主流价值观，即社会主义核心价值观，注重培养学生的主流思想意识，同时不要忽略传统的道德感化。通过多种途径和方式重塑学生的三观，并且帮助学生强化自身分析问题和处理问题的能力，特别是一些事关人生方向的重大选择，要保持警惕，严肃对待，坚持正确的方向和原则。

（三）更加注重教育的隐形作用，做到隐性和显性的有机统一

目前，我国思想政治教育主要是面对面、一对多的直白传授，课堂是其主渠道，课堂的教育主要以讲授、灌输为主，教师总是处于主体地位，往往忽视学生的内在需求，学生在教育过程中没有参与感，处于被动的地位，本身就容易失去兴趣，更不要谈主动自觉学习了。相对于显性作用，教育其实应更加重视其潜移默化的隐性功能，它能够合理正视受教育者的主体地位。苏格拉底曾经说过："知识与德性都不是固定的东西，不是通过一定的办法由教师来交给学的人，教化之

弦只有在灵魂深处奏响。"当前的思想政治教育要注重隐性教育和显性教育的有机统一。教育者在实现人才培养目标的过程中应转变思路，尊重学生主体地位，注重其自身的自我服务、自我管理、自我教育能力的培养。在教育内容上，形成一个合理的架构，主要从科学文化、思想道德、法律素质、职业规划几个领域入手。同时，积极发挥大学生的参与性和主动性，借助社团活动和学生组织，展开调研。以大学生为中心，举办多种形式的学术和文化娱乐活动，让学生获得收益。同时，为了使学生参与社会服务、社会实践等常态化、规模化和大众化，应该大力拓展教育途径，加强社会服务活动。

（四）加强思想政治教育，充分利用社会资源、大众传媒等

大学生在大学这个开放式的环境中，除了吸收知识，更要进行人格品质的培养和完善。全球化时代，文化之间的交流与碰撞已经成为国与国之间联系的一种方式。互联网、微博、微信、QQ等社交媒体已经融入大学生活的各个角落，然而互联网也存在弊端，信息量庞杂，对自我识别能力较差的大学生来说是一个挑战。因此，高等院校要保持警惕，借助家庭、社会、学校、媒体等多个平台来开展思想政治工作，持续不断地把我国主流的正确价值体系广泛传播，潜移默化地影响每一个学生。这对当代大学生的思想政治意识的培养和思想水平的提高十分关键。[1]

第四节　全球化背景下我国高校思想政治教育现状

一、思想政治教育与经济全球化

经济全球化的发展给各国经济的发展带来深刻影响。经济全球化将资源配置纳入整个世界经济体系中，科技进步突飞猛进，经济发展不平衡不断加大，各国经济的依存关系进一步加深。经济全球化给各国的政治、经济、社会发展带来巨大机遇的同时也带来了负面影响，它将国与国之间的贫富差距拉大，使发展中国家的地位不升反降。特别是实力较弱小的国家，其经济命脉被西方发达国家把持，严重威胁了国家安全，冲淡了其国民的民族归属感和认同感。综上所述，对于发展中的中国来说，时代内容随着全球化的加深，要不断加强集体主义、社会主义

---

[1] 吕康辉．全球化背景下的思想政治教育有效性研究［D］．福州：福建师范大学，2002．

教育、爱国主义，增强国家的主权观、国家利益观和国家安全观。

经济全球化将使资本主义制度与社会主义制度两种制度紧密联系起来。因此，我们要坚定道路自信和制度自信，坚持自己的社会制度。世界统一的市场已经形成，资本在全球范围内迅速流动，将不同制度的国家串联成一个整体，曾经资本主义和社会主义两大阵营的割裂和敌对局面已经不复存在，它们相互联系和交织在一起，从而产生了越来越多的共通点。显然，"两种制度"间的交流、对话与合作已经成为新时代的主线，从原来的相互攻击转变为相互竞争。但从本质上来讲，社会主义制度的优越性依然存在，并且在"两种制度"的竞争中会愈加明显，而资本主义制度仍然在发挥作用，其历史作用尚未结束。但在这种强调融合与共存的社会大背景下，社会主义信念难免会受到冲击和影响。这是我们开展思想政治教育的关键所在，若该问题得不到妥善解决，就不能坚持正确的理想信念，不能加强思想政治教育的针对性和有效性。

经济全球化本质上是一个市场化的过程，这就形成了一种一致的规则，那就是市场秩序以及与经济有关的国际条约和惯例。但综合来看，经济问题带来了连锁效应，产生了更多的价值观念，这些都加大了思想政治教育工作的难度。

经济交往的逐渐加深，暴露出了更多的社会、政治、文化问题，这些问题不可忽视。马克思曾经指出，人们所奋斗的一切都和他们的利益有关。实际上，经济全球化就是在追求经济利益的最大化，对于我们来说，除了实现经济发展，更要清醒地意识到西方发达国家隐藏于经济背后的其他不良动机和目的。透过全球化现象揭示资本主义国家的真实目的和本质，是当代我国高校思想政治教育工作需要认真梳理的主要内容。

经济交往、人员交往、文化教育交往及政治交往范围的扩大是经济全球化的内涵所在。思想政治教育的重要课题就包含了对世界各国的优秀文化成果的吸收和借鉴、对现代道德意识的培养、对本国传统优秀文化的继承和发展、对我国公民进行道德判断与选择的理性思维能力以及人们道德自律能力的提高等。

二、思想政治教育与政治全球化

全球化的积极倡导者和有力推动者是以美国为首的西方国家，从某种意义上来说，他们就是通过全球化，借助经济手段谋求政治霸权。西方发达国家的目的不只是将其生产和生活方式在全球范围内传播，更重要的是使以美国为首的西方国家所谓的"民主政治"实现全球化。"冷战"结束后，严重影响国际进程的"新干涉主义"在西方国家产生了，它向他国灌输西方的自由、民主、人权思想，凭借着西方国家的发展优势，将自己主张的价值体系称作普世价值。《美国国务院

1999年人权报告导言》中述说，在全球化过程中，目前至少存在三种世界性语言，即互联网、金钱以及民主和人权。但实际上，西方发达国家将"人权""民主"问题绑架到经济问题上，并肆意妄为干涉他国内政。以上这些名词已成了"全球责任"的干预对象，这使民族国家现代性的主权失去内核。因此，美国等西方国家的险恶用心已经显现出来。

它们妄图借助中国的改革开放，利用经济全球化，向中国政府和中国人民施加压力，将其主张的所谓"普世价值"和"人权""民主"强加给中国，企图推动中国经济向西方靠拢，甚至被西方资本主义侵蚀。从实际情况来看，西方国家将意识形态领域作为一个战场，不断对中国进行渗透和侵扰，但它们也自相矛盾，在全球推行资本主义意识形态的同时，又提出了"意识形态终结论"这样荒谬的理论。更为荒诞的是，国内思想界的某些人竟然提出了意识形态"趋同论"与其相呼应，淡化甚至抛弃了传统的社会主义意识形态的价值。因此，意识形态的教育工作日益艰难。

三、思想政治教育与文化全球化

文化全球化的步伐稍晚于经济全球化，它是经济全球化的附带产品。经济全球化加剧了文化在全球范围内的传播速度，更是催生了文化上的霸权，这种霸权文化借助经济全球化浪潮席卷世界各国，特别是弱小的发展中国家。如今，西方的价值观和资本主义文化遍地开花，因此，民族文化安全将面临严重的威胁。

经济利益提高了"文化侵略"的积极性，这就使文化产业在世界贸易中的比重激增，并且该产业在世界市场中的竞争愈加激烈。

目前，在文化领域，美国主要出口的是音乐、电视节目、电影、电脑软件和书籍等批量生产的流行性文化产品，而中华文化在全球化浪潮中的传播现状并不占优势。究其原因，主要是自身经济发展水平相对较低。改革开放使我国赶上了全球化浪潮，在此过程中保持了政治自信、道路自信和制度自信。然而，中西文化是存在冲突和碰撞的，使我们自身文化在发展过程中面临着艰难选择。"重义轻利"向"重利轻义"价值观的转变，已经是向西方价值观倾斜，虽然在一定条件下增加了经济利益，但造成了更多的负面影响，如地方保护主义、非政府取向和个人主义，从而忽视了集体利益和国家利益，否定了传统道德，不利于社会主义民主法制建设，使危险存在于人们的思想和行为中，无法充分地维护党中央的权威。思想政治教育工作的开展需要依托文化，若文化发生危机，思想政治教育就会形单影只，给国外文化的渗透露出缝隙。关于文化安全，西方发达国家早已非常重视，它们构建了文化安全保障措施和机制，从源头上杜绝其他文化的侵扰和冲击。比如，法国就规定该国的广播节目和电视至少有40%的时间要使用法语，并且规定全国影院所播放的影片中，好莱坞影片最多只能占1/4。加拿大于1995年将美国的"乡村音乐电视台"驱逐国门后，又在1999年实施C-55号法案，规定本国企业不得在发行的外国期刊上做广告，否则将被处以高额罚款。

目前，美国强势文化已然严重影响到中国文化。因此，思想政治教育面临的困境是非常严峻的，因为大多数人尚未形成保护和维护自身文化的意识，也没有自觉抵御西方文化冲击的警觉性和自觉性。

四、思想政治教育与信息全球化

随着"第四媒体"——互联网的发展，现代信息技术得到快速发展。信息全球化已经成为当今世界发展的一个重要趋势，并成为推动经济全球化的重要力量，深深地影响着人类社会精神生活的各个方面，又引起社会物质层面的巨大变化，使我国思想政治教育在新时期面临许多新的问题和新的情况。

互联网的出现，带来了信息化和大数据时代，它的便捷高效让人惊叹，也正是因为这些特质，使其成为西方国家文化入侵和价值体系殖民的助推工具。西方敌对势力把自己的价值体系和政治主张借助互联网无休止地兜售和推广，可谓是费尽心思。特别是利用其思想体系中的糟粕，如金钱至上、个人英雄主义、贪图享乐、骄奢淫逸等劣质极端观念，用来毒害和瓦解当代的中国青少年。所以，我们必须严肃对待和重视起来。既然互联网可以挪作他用，我们也可以主动掌握信息技术，把思想政治教育注入互联网的传播中去，构建互联网防火墙和过滤网，同时扩大中华优秀文化的阵地，维护我们的互联网安全，净化网络环境。

我们应该正确分析思想政治教育所处的时代环境，虽然互联网使信息在全世界的流通呈现出便捷、迅速、高效的特点，但是这些特点对思想政治教育有利也有弊。积极作用主要表现在它为思想政治教育工作提供了大量的信息和数据；消极作用主要表现在它造成了很多负面影响。具体来讲，就是信息化战争、渗透与反渗透。西方发达国家已经利用互联网把文化殖民和西式民主扩张的触手伸到了我国政治、经济、文化、社会等各个层次。

互联网带来的信息全球化，让思想政治教育工作困难重重，主要有以下三点。第一，在全球化的条件下，互联网信息庞杂，数据数以兆计，任何主体都有自己的阵营和立场，因此各种思想杂乱无章。第二，世界网络互动关系的虚拟性，逐步改变了人们的生活方式和工作方式，增大了人们思想的波动性，淡化了阶级意识、政治意识，甚至是民族意识、国家意识。第三，互联网催生了数以亿计的信息携带者和传播者，每一个接触互联网的人都会吸收和传递信息，这样一个庞大的、影响巨大的群体，使人类的财富和思想在网上多维集成，以迅雷不及掩耳之势散发和创新。因此，如何甄别和选择健康有效的信息，了解和把握社会思潮的变化，就需要思想政治教育工作及时有效地获取信息。

在西方强势文化占据网上主流地位的趋势下，要发挥中国社会主义文化的主导作用，思想政治教育工作显得尤为重要。信息产业正在进行一场翻天覆地的变革，这场变革将带动互联网的应用，使信息达到的范围、传播速度与效果都有明显的增长和提高。具体到思想政治教育工作，其客观环境、内涵、方式方法等方面都会发生剧变。

思想政治教育受到了经济、政治、信息、文化等全球化的影响后，我们可以总结出这样一个结论：相对收益和机遇来讲，思想政治教育遇到的困难和阻碍更多。在全球化背景下，思想政治教育的内涵、方式方法、环境、受众都在持续变化，其面临环境恶化、内容老旧、渠道需要拓宽和对象复杂化等问题。不仅如此，西方发达国家的政治殖民和文化霸权阴谋猖獗，加剧了现在的困难形势。因此，思想政治教育者必须革新理念，探索新的方式方法，保持清醒，不断改进和完善自己。在实现中华民族的伟大复兴这条道路上，思想政治教育工作应该发挥重大作用。[1]

---

[1] 吕康辉. 全球化背景下的思想政治教育有效性研究[D]. 福州：福建师范大学,2002.

第三章　新时代我国高校思想政治教育面临的问题及成因

第一节　新时代影响我国高校思想政治教育的问题

一、社会背景变化对高校思想政治教育造成的影响

（一）社会主义市场经济体制的产生和发展

社会主义市场经济体制的产生，软化了思想政治教育工作，尽管它为我国高校思想政治教育在物质和精神上都提供了有利的条件。

随着我国社会主义市场经济体制的产生和发展，已经形成了以公有制为主体、多种所有制经济共同发展的基本制度和按劳分配为主体、多种分配方式并存的分配制度，另外，还制定了鼓励一部分人以勤劳先富起来，先富带动后富的政策，这些极大地丰富了我国人民的物质文化生活，我国综合国力逐渐增强，无论在物质上还是精神上，都为我国高校思想政治教育提供了很多有利的条件。但是，市场经济也存在一定的负面影响，在发展的过程中出现了"抓精神文明建设一手软、抓物质文明建设一手硬的问题"，从而在一定程度上软化了高校思想政治教育工作。

（二）产生"五个多样化"的影响

人们社会生活的"五个多样化"弱化了思想政治教育工作，尽管它为高校思想政治教育提供了广泛的想象空间和大量的有用素材。

由于改革开放，我国形成了社会经济成分的多样化、就业方式的多样化、物质利益的多样化、组织形式的多样化的局面。基于此，人们的思想得到解放，有

了更多的选择和路径，在高校思想政治教育的过程中就有了更多的想象发展空间和素材。但是，在这种社会环境下，一定会出现各种不同的思想观念、价值取向，而青少年的心智还没完全成熟，会受到社会上不良因素的干扰，会对自己设定的目标及心中的理想产生怀疑，犹豫不决，甚至动摇放弃，成为"思想上的巨人，行动上的矮子"，影响了思想教育工作，造成了思想政治教育工作的弱化。

（三）迅猛发展的科学技术带来的影响

随着科技的迅猛发展，当今社会正在发生翻天覆地的变化，科技革命的主要代表是信息技术，它涉及全球。高校的授课教育也是如此，采用信息化和多媒体的方式，以网络为载体传递信息，拓宽了大学生了解世界和社会的途径和范围，激发了他们创新的思维，同时给他们提供了更多展示的舞台。但是，在信息技术和互联网迅猛发展、遍布全球的时代，知识传播和更替的速度越来越快，人们必须随时获取新的知识，了解新的动态，否则无法追赶飞速发展的时代，不能适应新潮流。这种新局势，让人们强烈地意识到提高竞争力和自身素质的重要性，督促人们提高文化知识和进行科技网络的学习，而将思想政治教育工作摆在次要地位，这势必会导致学生思想政治素质的下降。

（四）提出与建设和谐社会

党的十六大报告首次提出将"社会更加和谐"作为重要目标。党的十六届四中全会再一次明确提出了构建社会主义和谐社会的要求，指出要坚持最广泛、最充分地调动一切积极因素，不断提高构建社会主义和谐社会的能力。我国社会主义现代化建设和社会发展的重要目标就是构建社会主义和谐社会，是我们党以马克思列宁主义、毛泽东思想、邓小平理论和"三个代表"重要思想为指导，全面贯彻落实科学发展观，从中国特色社会主义事业总体布局和全面建设小康社会全局出发提出的重大战略任务，代表了历史发展的趋势和社会发展的方向。胡锦涛指出，"我们要建设的社会主义和谐社会，应该是民主法治、公平正义、诚信友爱、充满活力、安定有序、人与自然和谐相处的社会"。我们所提出的和谐不是单一的，它囊括了人与社会、人与人、人与自然和人类自身的和谐。

（五）社会类型的转变

由于改革开放的大力发展，我国传统的计划经济转变为市场经济，社会经济结构、政治和文化形态也随之发生了较大的变化。对外开放给我国带来了有利的条件，因此加大对外开放的程度，扩大涉及的范围，使社会经济成分、组织形式、物质需求、就业形式变得多种多样，使人们的思维越发活跃，体现出的思想特点更加明显。思想政治教育要将这些时代特征充分展示出来，就必须深入了解社会类型的转变，充分认识社会类型的转变给社会经济结构、政治和文化带来的新特点和影响。

（六）社会管理的必要性

当前，我国社会管理方面还留有一些尖锐性的问题，这也充分体现出我国经济社会发展水平和阶段性特征。时代在发展，我国社会管理也迎来了不少的新课题，我们只有不断创新改革，完善制度，加大管理力度，提高社会管理科学化水平，才能更好、更快地实现社会的和谐。思想政治教育要时刻准备着更新完善，将理论和实践相结合，与发展的社会特征保持同步，及时、有效地提高思想政治教育的效果。

二、高校环境的变化对高校思想政治教育造成的影响

高校教育教学的深化改革给高校思想政治教育提出了更高的要求、提供了新的发展机会，但是也在某些方面、在一定程度上弱化了思想政治教育工作。由于高校教学制度不断改革，校内管理体制不断完善，办学条件和环境不断提高，教学质量得到明显进步，高校的整体实力有所提升，以上都给高校思想政治教育提供了许多新的发展机会，也提出了更高的要求。但是，高校在改革与发展的过程中也出现了不少问题，如扩招新生、学生数量急剧上升、办学条件等一系列问题显现出来。首先，各种费用高涨，增加了学生的学业压力，大批毕业生就业压力和竞争压力大大增加；其次，进行学分制教学管理，学生取得相应的学分即可，削弱了班级集体所具有的功能；最后，实行单独管理学生公寓，把学生的生活与学习区域分割开来，诸如此类的问题大大地影响了学生的思维方式、思想观念、心理状态和学习生活方式。而学生在价值观念上的疑惑和矛盾越来越多，在墨守成规与别创新格、悲观消极与优秀自信、盲目从众与标新立异、一味索要与无私付出、个人利益与集体荣誉的价值冲突中徘徊不定，如果处理不当，不能做出正确的选择，就会在思想政治教育的路途上迷失方向，因而弱化了思想政治教育工作。

另外，当前思想政治教育对象的构成随着新时代的到来发生了改变，高校思想政治教育的主体大多都是独生子女，他们个性独立、自主性强，希望教育者可以尊重他们的思想，更加自由地交流，他们的主流思想是健康的、积极向上的，这使高校思想政治教育充满青春的气息和勃勃的生机。但是，作为独生子女的他们，是家中的宠儿，养成了娇气、独立生活能力差、个性傲慢的特质，如果教育

者没有很好地对其进行教育，容易使高校的思想政治教育功能退化。

三、高等教育的深化改革对思想政治教育造成影响

高等教育的蓬勃兴盛和深化改革为当代大学生创造了良好的学习生活环境，但教育的改革和发展对学生也产生了消极作用。

（一）影响教育的重要性是经济因素

在体制改革后，高等院校获取资金的途径逐渐拓宽，其内部氛围已经深受社会大环境的影响。首先就是校园的学术文化风尚。在投资—受益关系模式的牵引下，高等教育成了一种准公共产品，众多家庭的消费价值观已经变成社会上对子女的教育投资，对教育的投入忽视了社会贫富差距拉大的现实。许多弱势家庭的主要经济负担成了相对昂贵的上学费用，导致家庭更贫困。高等教育的收费及生活费用高居不下，学生生活压力骤增，他们开始变得厌学和不会学习。怎样帮助学生克服心理障碍，走出心理误区，正确对待和解决自身问题，成为思想政治教育的工作重心。

（二）学生群体的异质性增加，学生的交流范围扩大、交流内容复杂化

大学的生活经历具有独特性，它给学生提供了极其丰富和较为纯真的经历。当高等教育越来越普遍化，整个社会的环境和风气进入校园，开始对大学生的身体和心理产生影响。近年来，高校学生的基数逐渐增大，除了吸纳新知识，接受科学文化教育，高校也成了一个文化交流和碰撞的聚集地。大学生所扮演的社会角色也越来越多样化，而且极容易被物质化。比较明显的一个例证就是高校的食宿等基础设施条件被人为地划分等级，这是社会上不平等和贫富差距色彩在高校的缩影和反映，这种现象极易造成学生心理的不平等，产生不必要的矛盾和问题。

总的说来，我国高等教育改革为了实现体制、规模、质量和内涵的全面发展，已经从体制改革和结构调整到规模发展，正在逐渐步入深化教学改革、提高教学质量的时期。高等教育改革要以科学发展观为指导，提高教育质量，实现规模、结构、质量、效益的协同发展，这些都为思想政治教育工作提供了新的思路和切入点。除此之外，发展过程中产生的各种各样的矛盾和问题，也会折射在大学生的思想和行为上，这些问题和矛盾加大了思想政治教育工作的难度。

四、大学生思想政治教育对象——"90后"的新特征

当代青少年在多元化的社会里呈现极具复杂性的特征。首先，他们对个人主

义价值观有一定的接纳度，也对集体主义价值观有较高的认同度；其次，他们对自我发展的忧患意识随着就业形势的逐渐严峻而增强，所以当代大学生逐渐培养出重视能力和自我发展的心理趋势。同时，由于实践和理论知识的脱节及个人意识的增强，他们对集体主义虽然认可，但在实际行动中却远远达不到身体力行的程度和要求，甚至逐渐淡化了集体意识，更不用说集体归属感和凝聚力的增强了，奉献和索取是否平衡等成了他们越来越注重的内容，个人利益、经济利益成为部分学生的首要目标。在人民论坛的一份调查研究报告中，当问及当代青年的人生价值观如何选择时，选择"为国家与民族崛起而努力"的受调查者占32.18%；选择"为了实现自己的理想而活着"的受调查者占35.75%；选择"平平淡淡就是真"的受调查者占16.42%；选择"过一天是一天，管好自己的事就行"的受调查者占4.58%；选择"尽得富贵，享受繁华人生"的受调查者占3.61%；选择"和相爱的人厮守终老"的受调查者占5.16%。

（一）更多元的自我

大学生有对社会、对祖国、对他人更加丰富和深刻的情感体验，包括"天下兴亡，匹夫有责"的责任感、义务感，爱憎分明，正义感强，具有强烈的民族自豪感和自尊心；积极承担社会责任，志愿参加各种社会实践活动，奉献自己的青春；在学习上不断探求真理，不断丰富自己的内涵；无比向往纯洁的友谊和爱情，积极地在体验活动中发展美、欣赏美、创造美等。他们心理成熟的表现就是这些高级社会情感的发展。

此外，在日益扩大的大学生交际范围中，两性情感也在逐渐发展和成熟。除了与同学、朋友及师长之间进行交往，他们也开始体验恋爱这种更突出的情感，深刻的情感体验往往伴随恋爱活动的整个过程，随着这种体验的深入，他们的心理也会一步步地走向成熟。

为了掌握成熟的人际交往技巧，大学生在日常的社会交往中、为人处世的过程当中不断地学习，他们积极地发展人际关系，构建社会支持网络。为在同学、同事和师友间获得认同，他们坚持真诚相待、诚信为本。为了获得大家的支持，有的时候也会掩饰自己，这些都说明大学生情感的单纯性向复杂性的变化正在发生。

（二）多变性和流动性

大学时期是青年迅速成长的阶段，这一阶段学生的可塑性很强，他们的思想十分活跃和多变。具体来讲，大学时期是从幼稚走向比较成熟的一个阶段，学生此时的情绪、心态、精神面貌依旧会出现反复和突变，但是比中学时期要平和一些。随着自己的价值观、人生观的逐渐形成，加上大学时代对世事、对人际等方面较为深刻的把握，他们对情绪波动的控制就会好一些。一般处在18～24岁年龄的大学生，身心发展正处于走向成熟但未完全成熟的过程之中，显著特点就是情绪波动较大、极端固执、得意忘形、灰心丧气等。大起大落的情绪和态度，使大学生常常从一个极端走向另一个极端，比如，以前对某个人觉得不屑一顾，突然又会对他敬佩得五体投地，而这变化可能就在今天和昨天之间。其中，情绪不稳定的主要原因是青年人对刺激情境的变化非常敏感。尽管大学生对自己的情绪已有了一定的控制能力，认识水平也有了一定的提高，情绪也逐渐变得稳定，但大学生相对敏感并带有明显的波动性的情绪仍然是不能和成年人相比的。

第二节 我国高校思想政治教育面临的形势变化因素

当前，我们面临的发展机遇和风险挑战前所未有，世情、国情、党情发生深刻变化。一方面，有些突出问题逐渐呈现出来，如医疗、教育、住房、收入分配、社会管理等问题，它们在经济社会发展过程中逐渐积累起来；另一方面，大学生思想政治教育面临诸多挑战，如飞速发展的网络技术、传播途径多元化的信息、相互激荡的各种思潮、逐年递增的大学生就业压力、思想迷茫等现象。我们想要更好地开展大学生思想政治教育就必须把大学生思想政治教育面临的机遇与挑战分析清楚。

一、大学生思想政治教育面临的国际形势新变化

文化渗透、价值变迁及制度移植等现象不可避免地出现在经济全球化进程中。西方多样化的价值观选择与矛盾冲突对我国坚持的马克思主义意识形态及树立社会主义核心价值观提出了挑战。

（一）我国社会的理想信念被社会主义运动的曲折发展冲击

国际社会主义运动蓬勃发展主要在20世纪50年代以后，苏联、东欧等国家先后在马克思主义思想的指导下建立和发展，无与伦比的优越性体现在社会主义的建设实践中，这种思想发挥了巨大的指导作用，然而，随着"东欧剧变"和苏联解体，社会主义运动进入了低潮时期。

作为最大的社会主义国家，我国在面对这一严峻的现实时，应该坚定不移地

走自己的道路，保有制度自信和道路自信，不畏任何意识形态的冲击。新中国自成立以来，虽然有波折，但总体的进步趋势是不可忽视的，经济、政治、文化、人民生活不断进步。但是改革开放的实施也带来了一些问题和矛盾，这些次要方面的消极作用，被部分人扩大化，引起他们的抱怨和怀疑，从而对中国的未来道路感到担忧。

任何事物的发展道路都不是一帆风顺的，社会主义制度同样如此。社会主义从无到有、从弱小到强大的过程，伴随着曲折和反复，这是历史发展的规律。严酷的战争产生了社会主义制度，并且在阶级斗争中取得了巨大的成就。社会主义的优越性是存在的，因而在发展过程中出现的任何困难和阻碍都是暂时的，并且是可以解决的。从经济角度来分析一种社会制度是否优越，主要包括两个层面：一是生产力的本质和发展态势，二是人民的生活水平以及改善的状态。新中国自成立以来，经济飞速增长，各方面面貌焕然一新，充满了潜力和活力。特别是改革开放的40多年间，市场经济蓬勃发展，经济总量持续增长。同时，我们清醒地认识到，当前的建设和发展仍然面临着问题和不足，但总能克服和改善，最终取得进步。今天，在中国特色社会主义的建设中，我们要继续坚持社会主义道路和制度，怀有道路自信和制度自信，不断完善和发展自身，坚持一切从实际出发，并且对随时出现的突发情况和事件做好充足的心理准备，锐意创新，深化改革。只有这样，我们才能为社会主义建设和发展注入新鲜血液。

（二）我国社会受到经济与思想的全球化影响

经济全球化将世界各国迅速纳入世界经济体系和市场中，将各国串联起来。任何国家也不能阻挡全球化浪潮，因此要主动融入其中，参与全球化的建设。并且国与国之间的关系达到了从未有的紧密程度。具体来讲，生产要素、投资、贸易、生产、技术及金融等这些方面开始在全球迅速流通。各国之间的经济往来日渐增多，成为世界经济中不可替代的一部分。犹如"多米诺骨牌效应"，任何组成部分都会影响到世界经济的其他部分，甚至是全球经济。

经济全球化的影响可以细分为正面作用和负面作用。正面作用包括五个方面，第一，推动国际分工和专业化区分，促进生产效率的提高；第二，先进科技和管理经验的迅速推广，将整个世界的经济水平档次不断提高；第三，加速了生产要素的合理配置，最大限度地做到物尽其用；第四，逐步扩大了经济规模，形成规模效应；第五，为发展中国家提供了更多的机会，主要是资金和技术的引入。负面作用包括三个方面：第一，虽然加速了国际分工，但仍存在不均衡，主要是高精尖产业仍在发达国家，粗放高污染产业在发展中国家，这加大了贫富差距；第二，国与国之间的依赖性加强，只要某一个国家的经济出现问题，其他国家，甚至全世界都会受到波及；第三，发展中国家将会面临经济全球化对其创新能力及创新精神的挑战。全球化的步伐加速了国际市场的升级和重构，导致利益的重新分配，与之相伴的就是价值观念和思想文化体系的交流和碰撞。当然，全球化发展至今，中国从不会缺席，而是以更加积极的姿态融入其中，谋求发展。所以，很容易看出，中国在全球化过程中，从经济、政治到社会、文化，每个领域无不随时在遭受冲击和挑战。就在各国文化的相互撞击与冲突中形成了新的世界公认的文化，并改变了本民族的文化特性、价值观念与生活方式。

（三）多元文化中的社会道德问题

多元文化是经济全球化的副产品，它给任何一种文化都提供了生存空间，但该生存空间的大小需要文化之间进行博弈，这给各国带来了机会和挑战。多元文化为人们发挥主观能动性提供了平台，促使人们运用聪明才智，开拓自己的发展空间。对于社会主义文化，多元化同样给予了进步的空间和平台。

与此同时，文化多元化呈现的百花齐放的状态，将各种各样的价值体系包罗在一起，其中包括负面价值，如道德沦丧、观念偏激，这与社会主义价值体系相悖，对我国的文化发展非常不利。

总的来说，我国思想道德建设工作是向好的方向发展的。依法治国、依法执政理念顺利贯彻，社会主义核心价值观逐步推广，与这些成果相伴出现的就是各种各样的问题和矛盾，特别是由此引发的道德困境。

目前，我国社会的发展越来越有活力，越来越有生机。在文化全球化的大背景下，文化观念和价值观可供选择的形式也越来越多，这些文化观念和价值体系与中国传统的价值观体系并存。一方面，这有利于科学民主、讲究实效和平等竞争等价值观念的形成；另一方面，其中的低级腐朽思想，如拜金主义、享乐主义等开始在人们的生活中渗透和传染。

所谓拜金主义，就是金钱至上，一切向"钱"看，为了追求经济利益而不择手段，将金钱作为为人处世的准则，以金钱的占有量来评判他人和物品的好坏。

享乐主义者的人生目的就是尽情追求自己在物质上的享受和肉体上的愉悦，他们为了追求精神和肉体的快感，不择手段，甚至不惜铤而走险，以此得到更多的享受。因此，享乐主义者和拜金主义者有类似的地方。

精神文明建设的过程中出现不和谐的现象实属正常，虽然这会影响到道德建设的工作，对和谐社会的构建造成阻碍，但我们要做的是保持清醒头脑，不被污染，杜绝任何的恶劣想法和观念，努力确保我国社会能够沿着社会主义的方向奋勇前进，确保全面建成小康社会工作的全面开展。

多元文化的交流和碰撞推动了人的观念的发展，从而形成了新的观点和看法，出现了道德选择和多元化的价值取向，主要表现在以下方面。一是集体利益与个人利益关系问题。以改革开放和全球化为分界点，之前人们的重心放在集体利益上，克己奉公，舍小家为大家。这种观点在一定程度上损害了个人的利益，削弱了人的积极性。但是在深化改革谋发展的关键时期，集体主义价值观仍有其不可代替的作用。而在今天，利益主体更加多元化，人们更多地信奉"公私兼顾"，但也出现了个人利益至上的偏激行为。二是长远与现实的关系问题。过去人们注重理想，把共同理想作为前进动力，而现在人们更加看重现实利益。这一观念的转变会使人们各方面的工作急于冒进，失去正常步调，完全是饮鸩止渴。三是利与义的关系问题。如今不少人的观念是希望占有、取得更多的金钱等物质利益，重利轻义倾向格外突出。

综上所述，每一种价值观念都在迅速运行和发展，它们之间存在矛盾和冲突，这些问题为大学生道德教育带来了更多的难题与困境。面对日新月异的世界，旧的落伍观念被人们抛弃，而新观念的选择过程又是极其复杂的，这就容易导致人们的迷茫和不知所措。人们甚至开始陷入自相矛盾的窘境，因为人们不再相信有一个能够适合一切人的恒定标准。社会失范和越轨现象时有发生，而且表现得相当突出。人们从思想束缚和盲目的权力迷信当中解放出来，却又进入了一种无所束缚、无所畏惧的浮躁状态，并陷入了不知所措的境地，这比思想上的禁锢更加可怕。

（四）社会信息化对思想政治教育的负面影响

中国正处于在全球信息化进程中从被动应对向自主发展转变的关键时期，经济建设、社会发展已经步入一个快速变化的信息时代。人们社会生活的方式已经被社会信息化彻底地改变了。目前，对信息异常敏感和渴求的群体就是大学生，他们是信息的接收者和传播者，然而社会信息化严重影响了大学生的思考模式和行为方式，这为思想政治教育提供了新的研究领域。

作为信息化程度较高的发达国家，其谋求在国际社会上拥有更高的社会地位，主要的工具和手段就是依靠信息技术和网络技术，而对我国来说，如何引导大学生形成科学的世界观、价值观、人生观，如何正确认识这些信息就显得尤为重要。对于西方国家的信息进攻和侵扰，我国如果无动于衷的话，将会造成不可挽回的后果，最先受到冲击的就是当代大学生，这就意味着中国的未来人才安全岌岌可危。所以，怎样确保大学生的价值观念的安全显得尤为重要。互联网是一把"双刃剑"，从法律制度层面来讲，它的发展尚未跟上信息化时代的步伐，这使对信息传播的监督机制存在缺失，大量未经筛选的信息涌入，对自身防御能力差的大学生造成心理伤害，进一步有可能导致其道德观念的崩塌，这也是思想政治教育工作所面临的新形势、新问题。

二、国内形势新变化是大学生思想政治教育要考虑的

在改革开放40多年的时间里，中国日新月异，面临着巨大的机会和挑战，在一心一意谋发展的过程中，需要有一种价值体系或者思想主流支持来推动伟大的中国人民继续努力，艰苦奋斗。

（一）我国社会经济基础变化对共产主义崇高理想的影响

改革开放以来，中国的社会经济基础早已焕然一新，社会的意识形态受到了难以阻挡的冲击。改革开放之前，我国的所有制结构几乎是单一的公有制结构，即国有制和集体所有制两种形式，个体和私营等非公有制经济所占的比重微乎其微。改革开放之后，我国提倡和支持非公有制的发展，其他各种经济成分也迅猛发展，形成了以社会主义公有制为主，多种经济形式共同发展的所有制结构。

社会经济结构从计划经济向市场经济的转化，必然导致分配方式与利益格局的重组。在改革开放之前，以公有制为主体的经济制度强调均等化和单一化，严重阻碍了人民创造能力的发展。改革开放以后，我国实行市场经济，多种所有制经济共同发展，分配方式也逐渐增多。这一过程中，出现了一系列的社会问题，动摇了人们传统的价值观念。

意识是实践活动的指南针，只有统一的理想信念才能促使人不断进取。随着经济全球化的不断发展，多种价值观和思想体系相互冲突和斗争。在这样的背景下，人们的信仰容易受到打击和侵扰，从而产生不知所措、迷惑的感受。社会主义市场经济同样对人们观念的选择具有积极和消极影响。一方面，人们为了发展和进步不再故步自封，而是积极向上、努力创新，共同营造公平有序的社会环境；另一方面，市场经济又会引导人们追求利益最大化，如果不能控制欲望的话，就会出现错误的思想观念，如一切向"钱"看、个人主义等，这很容易导致人人自危，从而造成社会的动荡不安。

改革开放导致了利益分配格局的变化，这必然会产生利益上的冲突与矛盾。利益冲突的客观存在，从意识方面讲就是价值观的冲突，如何妥善处理纷争和冲突，对思想政治教育工作来说是个难题。回顾过往岁月，我们始终认为，以马克思主义为指导思想，坚持走社会主义道路，才能够带领和团结全国各族人民走向辉煌胜利。所以说，历史的必然就是坚持社会主义的共同理想、走社会主义道路。目前，中国社会处于全面深化改革以及转型时期，在此期间，各种矛盾、困难突发，社会问题不断暴露，经济出现疲软，道德建设需要重新重视。因此，我们一

定要坚持马克思主义，坚持自己的发展道路和社会主义制度；要用共同理想凝聚信念，坚决拥护马克思主义的指导，团结携手共同推进我们建设社会主义伟大事业的顺利进行。

（二）面对政治体制改革，大学生对实现民主政治缺乏信心

我国的民主政治建设主要包括两个核心问题。一是人民是主人，官员是"人民公仆"，按照国家一切权力属于人民的根本原则，政府机关的工作人员是为人民服务的，但事实有时却恰恰相反，部分政府官员高高在上，办事效率低下。二是以权谋私，贪污腐败问题比较严重。某些官员大搞权力"寻租"，为求自己的私人利益，将公共权力作为筹码来交换，贪污腐败问题屡禁不止。要拔除这些"毒瘤"，必须将"权力关进制度的笼子里"，通过民主法治建设，建设透明的服务型政府，具体来讲包括以下几个方面。第一，着手推进政治体制改革，把权力真正还给人民。关系人民群众切身利益的实事、国家社会的大事、各级官员的命运和政绩要让广泛的人民自己决定，建立民主的领导遴选机制，理顺权责关系，真正做到权力来源于人民，受人民监督。第二，要建立信息公开和监督机制，除了涉及国家机密的公务信息，包括财政投资、各项开支的情况都必须毫无保留地公开，社会各界通过政务公开来监督权力的运行，不给腐败留下任何可乘之机。

政治体制改革呼声最高的是当代大学生，因为他们有着更为纯洁的民主和法治精神，希望看到政治清廉、民主化程度更高的局面，他们时刻关注着国家的民主政治建设。但是，由于没有充分的阅历和实践活动，他们极易受到西方发达国家及其资本主义民主思潮的冲击和渗透，从而忽视我国特殊性的国情，对我国的民主法制建设抱有消极态度，失去信心和希望。思想政治教育工作的一项艰难的任务就是做好大学生这方面的思想工作。

（三）社会生活的历史化影响高校师生的思想状况和价值观念

人们在社会中必须进行的、占据人们全部时间和整个生命的活动和过程的总和统称为社会生活，包括人们的衣食住行和劳动工作、社会交往、休息娱乐等精神生活和物质生活。

改革开放以来，社会主义市场经济体制逐步建立和完善，对外开放水平不断提高，经济实力显著增强，我国主要发生了以下变化：第一，人民收入逐年增长，生活水平持续改善；第二，社会生活丰富多彩，社会活力显著增强；第三，社会利益格局、组织形式、结构正在发生深刻变化。目前，暴露的重要社会问题是城乡二元体制束缚城乡协调发展，贫富差距加大。社会主义国家的首要价值是公平正义，因此，党中央提出社会建设的重点就是加快改善民生的步伐，目标是确保

全体人民劳有所得、学有所教、老有所养、病有所医、住有所居。

思想观念和价值取向是社会生活在人的意识层面的反映和折射。经济全球化和我国的经济建设带来的社会生活的剧变，影响到了高校师生的思想价值体系。生活水平的逐步改善及生活方式的丰富多彩，使人们对中国特色社会主义的建设更加乐观和自信；传统的平均主义思想也逐渐被人们抛弃，新的多劳多得的致富理念更是推动了人们的进步，不断改善生活条件，激发了社会的创造力；以创新为前提和基础的知识经济的兴起，启发了人们要努力学习，锐意创新，自觉融入知识阶层，创造高收入，让人们感到创造的活力和知识的优势，激发了大学生学习和创新的积极性；社会结构、社会组织的新变化，就业机会和人才政策的吸引力，促进了实现自我价值、人尽其才的观念，同时引起了广大师生对社会公平正义的关注。

社会生活的新变化也给当代大学生的思想价值观念造成了冲击和不良影响。部分大学生产生享乐主义、拜金主义和极端个人主义，这也对当代大学生思想政治教育提出了严重的挑战。[1]

第三节　新媒体对我国高校思想政治教育的影响因素

高校思想政治教育一直以来被各种各样的环境所影响，在这么多的环境中，尤其以社会环境、文化环境和技术环境的影响最为严重，它们决定着高校思想政治教育是否能顺利地进行。人类生存及活动范围内的社会物质、精神条件的总和统称为社会环境，广义上是指整个社会经济文化体系，狭义上是指人类生活的直接环境，社会环境制约着人思想的形成和发展。文化环境是指相互交往的文化群体凭借着从事文化创造、文化传播及其他文化活动的条件和背景。人的思想形成和发展深受文化环境的影响。技术环境就是指一个国家和地区的技术水平、技术政策、新产品开发能力和技术发展动向等。技术环境有多方面的影响，从积极的一面来看，利用新技术给社会发展搭建一个新的舞台，对促进人的思想发展有一定的作用。

新媒体时代，高校思想政治的社会环境、文化环境和技术环境正在发生改变。新媒体时代的到来，使高校思想政治教育迎来了不曾有过的新情况和新挑战。首

---

[1] 高朋敏，王新峰．新时期大学生思想政治教育面临的挑战与对策研究[J]．消费导刊，2016(5)．

先，它使思想政治教育的社会环境和文化环境越来越复杂，使工作对象、方式和团队受到较大的打击，对大学生的生活、学习、心理和价值观产生了很大的影响；其次，新媒体技术作为教育的新形式，在信息收集、信息形式、信息传播方式等方面有了巨大的改变，对提高大学生的思想政治素质、引导正确的价值取向和建立良好的道德观念有十分重要的作用，给高校思想政治教育带来了一大良机。所以，新媒体时代做好高校思想政治教育的重要一步就是深入了解、仔细分析研究新媒体技术在高校思想政治教育过程中的作用。

一、新媒体时代环境的概述

（一）新媒体时代的社会环境

新媒体时代高校思想政治教育的社会环境，主要发生了以下变化。

1. 社会空间"无屏障"

新媒体环境的到来，既提升了人的感知范围和能力，又加强了个体的传播能力和沟通能力。人们可以多方面、多途径地认识这个世界，不再是根据单一、单向的信息来了解。在这样的社会环境下，高校思想政治教育由以前的"点对面"的"封闭式"的单向传播发生变化，新媒体的及时性、互动性不但使信息传播"时间无屏障""资讯无屏障"，而且使社会空间变得"无屏障"。现在人们能够广泛地应用新媒体技术，无论身处何地，无论何时，都可以与人无障碍通话交流，也可以在公共网站表达自己对相关事件的看法和建议。高校思想政治教育者因为受到垄断信息源以及封闭环境权威性的影响而摇摆不定，由于传播内容没有特别之处，具有很大的开放性，提高了受教育者的主体地位。同时，对于大量的信息，一时无法辨别真假，现在出现了很多的虚假信息和不良信息，给大学生造成了错误的引导，也给大学生思想教育工作增加了难度。

2. 社会舆论同化的现象严重

新媒体技术带给社会的是传播内容全球化以及意识形态的全球化，但这种全球化是单向的，而非双向的。随着单向传播社会环境的出现，媒体舆论的格局也发生了大的改变，即中心与边缘不是对称的。在大量信息，尤其是重大问题如国际相关事务问题面前，大学生的看法、所持有的态度或价值取向总是不谋而合，更严重的是被舆论同化，这种情况带给高校思想政治教育前所未有的难题。仔细探究这个问题的原因，一是因为现在大学生生活在新媒体的环境下，无论是平时生活，还是学习活动都与新媒体脱离不了关系，会不经意地被垄断媒介的舆论控制；二是西方发达国家拥有大量的资源和技术，能够很好地控制新媒体。例如，美国拥有信息与网络的基础资源,并很好地控制和应用着。自从互联网出现以后,台主根服务器和台副根服务器就被美国掌控,而根域名服务器是架构互联网必要的基础设施。同时,全球访问量最大的搜索引擎、最大的门户网站、最大的视频网站和最大的社交空间都在美国,美国还垄断着全球电脑芯片,推行"智慧地球",掌控着电脑操作系统,掌控着全球域名地址。美国的网络空间霸权全面地分布于世界互联网的各个领域、各个角落,在这样的社会环境中,社会舆论被同化显然已经成为必然的结果。

3. 社会负面信息极速上涨

新媒体作为当代社会的一个开放系统,使大学生得到信息的方式更多元化,接触的信息面更宽,获得的不同观点也越来越多,而最终收到的信息就会很多,增加了高校思想政治教育环境的复杂性。首先,多种多样的大众传媒形态,超时空、数字化的虚拟世界,千奇百怪、鱼龙混杂的传媒信息,使大学生辨别信息的难度加大,并且大学生的世界观、人生观和价值观都正在形成的过程中,对信息的好坏不能轻易辨别,很容易受到负面影响。其次,新媒体具有强大的渗透性,不会因为人的意志的改变而改变。据了解,全球互联网的全部网页中出现最多的是英语,而其他语种加起来出现的次数都不如国际互联网中访问量最大的网站上英语出现的次数。当前从国际互联网上看,可接受的信息大多数来自美国。以上显示,以美国为首的西方发达国家凭借着它们雄厚的资金和先进的技术,对互联网信息资源进行控制,肆意对意识形态等方面进行渗透。我国虽然具备相应的技术手段和监督机制,但仍有待完善和提高,因此社会负面信息对高校思想政治教育所产生的影响不可忽视。

(二)新媒体时代的文化环境

新媒体时代,高校思想政治教育的文化环境出现了以下变化。

1. 文化环境的变化改革

第一,流行的网络语言。随着新媒体的发展,人们的思想交流出现了新的方式,行为习惯和表达方式也发生了改变。网络发展产生了一种独特的话语体系——网络语言,这已经成为现在高校文化环境的一个重要特征。网络语言区别于传统平面媒介的语言形式,它简洁生动、调皮可爱,一出现就被大学生们疯狂追逐,因此发展速度很快。高校思想政治教育在新媒体时代进行教育的同时,一定要了解并熟悉网络语言,不然就如同英语对话,不熟悉英语单词,根本不能进行交流。现在,被大学生频繁使用的网络语言,从形式上看,基本上有以下几种:①符号化语言。当你在电脑上输出文字时,习惯性地带上相关的符号语言,如高兴的象形、生气的象形、骄傲的象形,诸如此类。②数字化语言。利用数字或者谐音能够更加形象地表达自己的内心,如"55"代表"呜呜"的谐音,表示哭的声音;"88"代表"拜拜",是英语单词"byebye"的谐音;"520"代表"我爱你"的谐音,诸如此类。③字母化语言。和数字的运用相同,字母也有表达想法的效果,如"BT"代表的是"变态"拼音的缩写,"PLMM"代表的是"漂亮妹妹"拼音的缩写,"PMP"代表的是"拍马屁"拼音的缩写,"BF"代表的"boyfriend"男朋友的缩写,等等。从内容上看,有下面几种。①新词新意接连不断,利用同音替代或合音替代。如网络新词:酱紫——这样子,表——不要,杯具——悲剧,诸如此类;赋予了旧词新的意思:可爱——可怜没人爱,恐龙——丑女,等等。②使用超越常规的语法。网络语言已经不仅仅停留在传统的词语构成语法上,而是将各种字、数字、英语或者简写混合在一起,怎么方便怎么用,怎么顺口怎么说,语序也没有规定,倒装句也会随时出现。例如,"……先""……都""……的说",各种各样。③口语化的表达。网络交际语言应用于人们的交流中,更口语化、通俗化、事件化和时事化,简单易懂。

第二,文化消费出现多维性和选择性。文化消费是人类特有的能够直接影响人的精神、思想、心理、情感、价值观、人生观的一种社会文化现象。信息产业的发展,使媒体消费不仅作为文化产品的载体,或者一种文化消费品,而是慢慢渗透到人们的日常生活中,成为一种消费习惯和消费行为。当电视作为核心媒体去消费文化时,许多的符号和形象不停地被模仿,消费者总是轻易地失去了对现实的掌控,在消费过程中迷失了自我。如今,互联网作为核心媒体的信息消费,能够利用方便快捷的信息传播途径和手段把信息传播的及时性提高到最大限度。大学生生活在这样的文化环境下,已经把媒体消费作为他们日常生活中的一种基本消费方式,将时间和金钱投到信息的获取上已经成为习惯性的消费。

新媒体文化消费与以前的文化消费相比具有不同的特点:更注重个性化需求,尊重主体的自主性;加强群众的互动性,信息传递由单向转为双向、多向相互交流;加强群众的参与性,使群众主动地参与,而不是被动地接受;越发方便快捷,新媒体不再受时间空间的限制,任何时间、地点都可以展开新媒体文化消费;更是产生了新的消费模式,如异地文化消费;可以实现文化资源和域外文化产品的共享,进行远程文化消费操控等,已成为文化消费的新型模式。

第三,青年亚文化成为各大高等院校的热点。亚文化,又叫集体文化、副文化或小文化,是指某一特定的文化群体所属次级群体的成员共有的价值观、独特信念和生活习惯,与主文化相对应的那些局部的、非主流的文化现象,在综合文化或主文化的大背景下,亚文化属于某个集体或某一区域所特有的生活方式和观念。这种亚文化不仅有自己独特的价值与观念,还包含与主文化相通的价值与观念,而这些价值观是分布在各种主导文化之间的。亚文化辅以新媒体的主推,结合产生了一种新的文化形态，即新媒体环境下的青年亚文化。亚文化与传统文化不同，其表现为大学生在宣泄情感、彰显个性的同时，对精英文化、主流文化的抵抗姿态。最近这几年，网络文学、网络游戏、网络恶搞、网络音乐和各种网络事件在各大高校蓬勃兴起，成了大学生文化消费的主要形式，这些形式从本质上与传统的主流文化相违背、不协调。

（1）网络文学是一类网络艺术品，它是借助互联网为展示平台和传播媒介，以多媒体演绎和超文本链接等手段来展现的文学作品、类文学文本以及含有一部分文学成分的网络文学作品。其与青年亚文化存在很大关系。网络文学凭借着强大的网络媒介具有自由性、互动性和巨大的多样性，成了大学生亚文化群体表达思想和情感最便利的手段，搭建了一个青年亚文化的展现舞台。

（2）网络游戏统称"网游"，它以互联网为载体，以用户计算机和游戏运营商服务器为处理终端，以游戏客户端软件为信息交互窗口，通过点击率和营收，来满足大学生的各种幻想和需求。目前，大学生亚文化群体凭借这种游戏形式，不仅减压、彰显个性，而且在网络游戏的过程中找到了在现实生活中所没有的成就感和自信，发泄心中对社会的种种不满。

（3）网络恶搞是一种采用符号的新风格化方式来挑战现实社会的手段，它主要是借助新媒体，为建立集体认同而存在。自从胡戈的《一个馒头引发的血案》恶搞陈凯歌的电影《无极》开始，中国互联网恶搞进入了辉煌时代。然而，现在恶搞的风气变得更加疯狂，各种形式的恶搞大量涌现，不只是视频，还有图片、声音、软件等。网络恶搞的特点是颠覆经典、张扬个性、打破传统、讽刺社会，已经成为大学生亚文化群体对现代主流文化抵抗的一种工具和手段。

（4）网络音乐是以各种有线和无线方式传播的音乐作品。它主要是通过互联网、移动通信网等进行传播，其特点是形成了数字化的音乐产品传播、制作和消费模式。网络音乐主要由两个部分组成：一是移动音乐，是无线网络运营商通过无线增值服务提供在手机终端播放的无线音乐；二是通过电信互联网提供在电脑终端下载或者播放的互联网络在线音乐。目前的网络音乐表现出了大学生亚文化群体对自我思想的表达，对社会现实的讽刺与揭露，而且能够充分表达出他们对爱情、社会、人生、生活的追求和向往，由此成为大学生亚文化的一个重要的表达方式。

（5）网络事件是指利用信息系统的配置缺陷、程序缺陷、协议缺陷或使用暴力攻击对信息系统实施攻击，通过网络或者其他的技术手段，并造成当前运行的信息系统异常，造成潜在危害的信息安全事件。青年人通过网络事件，把握当下的潮流及对网络用语的吸收和传播，并且对其进行分析和表达自己的看法，而青年亚文化的价值观就恰恰体现在他们对网络事件的评论上。

在面对社会文化的发展方面,新媒体时代的青年亚文化有着独特的文化价值和社会价值。从文化价值上看,青年亚文化拓宽了文化传播的途径,从原来的"单向"转变为"互动式"传播,这彰显了现代文化的自由精神,而"个性文化"目前也成为流行的主题,引导社会文化追寻不同的生活体验。从社会价值上看,青年亚文化是青年群体寄托的特有生活方式和态度,开始从虚拟世界影响到现实的社会生活,从意识想象的方面去解决代际冲突。从社会交往方式的发展上看,青年亚文化作为一种新的生活方式,改变了传统的社会交往模式,开始向新的社会交往模式发展,增多了社会生活交往的内容。

如何让新媒体时代下的高校思想政治教育能够顺利开展,这就需要全面把握文化消费的实际情况、网络文化的传播和发展历程以及青年亚文化的兴起,借助它们自身带有的正能量,与思想政治教育相结合。

2. 文化环境的负面影响

高校思想政治教育面对新媒体时代下的文化环境,也受到了一些负面影响:

第一,高校思想政治教育的文化辅助发生断裂。从传统意义上讲,高校思想政治教育借助精英文化、主流文化得以发展和持续。当下社会大环境的快速变化波及了高校的文化环境,而亚文化、网络语言文化等新兴形式又对传统的思想政治教育造成冲击,出现断裂。因此,怎样恢复和加强精英文化、主流文化对大学生的辅助作用至关重要。我们需要主动适应新媒体时代的发展,与时俱进。所以,离开文化辅助,就会使思想政治教育变得单调无味且苍白无力,效果自然会大打折扣,这样就很难有效地弘扬和传承社会主流价值。

第二,高校思想政治教育工作者的权威性在不断弱化。"受教育者"与"施教育者"的文化关系在新媒体时代进行了调整,使两者地位相对平等,使受教育者不再被迫地接受教育者的某种思想观念,而是能够把正确的价值观、人生观、世界观与网络信息密切地融合在一起。根据以往的习惯,成长过程中的青少年,信息获取的对象是教师和父母,而新媒体时代的出现打破了教师和父母的权威垄断地位。社会文化存在的主要支撑力是技术文化,青少年由于创新能力强,思维活跃,容易接受新事物,已经成为新文化时代的领军人物。也就是说,他们不仅依靠父母和老师这种单一渠道获取知识,还可以从其他途径去获取更多的信息和知识。

第三,游戏化的社会道德标准。在新媒体时代,现代高校的文化环境发生的各种异化现象体现在许多大学生开始轻视原本很严肃的事情和事物,并把这些事当作一种玩笑和饭后谈资,甚至涉及传统主流价值取向的问题。比如,当有人需要帮助时,他们却持着事不关己、看热闹的态度,更过分的是有的人还会在新媒体中说风凉话,不在乎是否关乎道德。游戏化的社会道德标准、价值观念还没有确立,就已遇到亟待解决的问题。在这种不利的文化环境中,重新建立社会公德和民众私德,提高我们的道德责任感,使中华民族的优秀传统和高尚道德传承下去,已经成为新媒体时代下高校思想政治教育急需解决的一大难题。

(三)技术环境的变化

1.技术环境在高校思想政治教育中的变化

高校思想政治教育的技术环境随着新媒体的广泛应用而发生了许多变化,下面是三个最为突出的变化。

第一,信息传播的量很大。新媒体借助互联网,使信息在相当短的时间内遍布全世界,其传播途径呈指数增长,通过短信、微博、微信等诸多社交网络和媒体,能够快速形成一个庞杂的网络体系,在这样一个体系中,信息能够高效率地传播、储存和更新。只要动一动手指,就可以收到海量的信息,做到"不出门便闻天下事"。新媒体传播最有价值的两种海量信息是动态更新的消息和数字资源极为丰富的数据库。比如,新浪、搜狐等门户网站每小时可以滚动上千上万条消息,世界上刚刚发生的一些重大事件和新闻,能及时快速地呈现给受众。又如,登录中国知网搜索,每个学术领域的学术前沿都可以一清二楚。互联网给每个人提供了学习的平台,可以获取大量的资源,自己感兴趣的知识也不再需要去图书馆翻阅资料。人们获取各种资料的途径更加便捷,还可以随时掌握学习领域、工作领域的一手资源。在这种技术环境下,大量传播的信息彻底颠覆了传统思想政治教育,实现了高校思想政治教育的根本性跨越。大学生利用新媒体及时获取需要的知识和信息,大大拓宽了思想政治教育信息的传播途径。借助新媒体,高校思想政治教育工作者通过图像、声音、文字等各种不同的表现形式,生动有趣地展现教育内容,寓教于乐,受教育者也可以迅速并且深刻地接受这些信息,并不受其他情况的约束,这样便进一步拓宽了思想政治教育的发展空间,并且将思想政治教育的及时性充分体现出来。

第二,虚拟的人际关系。随着新媒体技术的大量运用,社会中的每一个人在不同语境下承担不同的角色,发挥多种功能,它既是信息的存储者,也是信息的传播者和改良者。虚拟的人际关系包括传播者和接收者,代替两者信息交流的都是一些虚拟的符号,所以新媒体传播的信息时刻在改变,复杂性极高,使人际关系也不再像从前那样具象化。此时,加强高校思想政治教育是一个很好的机会,因为这种虚拟化使门户对消息的控制降低到最小,大学生能及时地把自己的情绪表达出来,如受挫后的失望、失恋后的低沉、做选择时的迷茫,同时能实现教育主客体之间的沟通和交流,这样有助于思想政治教育工作者全面了解学生的心理状态,从而了解学生本身的特质,对症下药,有助于实现思想政治教育的多样性和针对性。思想政治教育工作者通过了解到大学生内心深处最真实的想法，针对他们在生活、学习和思想中暴露出的一些问题进行组织讨论，从而完成思想政治教育的任务。

第三，教育平台的多种多样。传统的高校思想政治教育方式单一，仅通过课堂传授，枯燥而乏味，受教育的学生提不起兴趣。现在，新媒体为之提供了全新的平台，给教育工作带来了便利，同时给高校思想政治教育工作者带来了诸多的便利。从传播方式上看，新媒体成功地从单维度、单角度转变为多维度、多角度；从传播内容上看，从固有的老旧模式向更新鲜、多样的形式转化，信息从产生到发布再到传播，随时在动态地变化，不受太多的拘束和限制，点对点、点对面、面对面等全方位地将信息传达给受众，克服了之前的固有缺陷。在新媒体时代，高校思想政治教育工作者需要熟练地掌握和应用新媒体技术，这样可以利用新媒体的技术，将图像、声音、文字、数据等结合在一起，寓教于乐，全方位、立体化地将传授内容呈现给学生，增加思想政治教育的活力和生动性。新媒体给高校思想政治教育创造了一个最佳的技术环境，既改善了工作条件、教育方式和获取知识的方法，又改变了单一的传统的思想政治教育平台。

2. 高校思想政治教育技术环境的问题

新媒体给高校思想政治教育带来益处的同时，也产生了负面影响，主要体现在以下几个方面。

第一，信息本身造成的负面影响。大量的信息快速传播，虽然给人们提供了方便，但是也让接受者迷茫，不知所措。特别是还未步入社会的大学生，在大量信息面前，对于一些具有腐朽思想、消极观点的不良信息总是处于被动的位置，不能冷静地思考，认真地判断，容易受到诱惑，盲目地"随大溜"，从而使他们扭曲了原本健康正确的思想价值体系，这与高校思想教育的目的相悖，降低了思想政治教学的效果。

第二，虚拟化关系带来的负面影响。在新媒体的技术环境下，高校的思想政治教育模式将面临新的挑战。新媒体技术容易混淆虚拟和现实世界，从某种角度上看，出现了"虚拟时空"，而高校大学生会在不知情的情况下，被"虚拟时空"牵着鼻子走，直至被带入歧途，摧毁了本身具有的优良品质和正统价值观念。虚拟化的人际关系使人的身份就像一串未知的字符，可以自由地创造一个新的身份，随意地与他人进行交流，也不怕被怀疑，在一定的时间内，将会改变现实生活中人与人之间的关系，从而造成人们的疏离与隔阂。因为网络上缺少现实中的道德要求及完善的法律制度，这样就造成人们对是非的判断出现了问题，或者诱导人们做出一些在现实生活中想完成却不敢做的事，从而产生很多错误的行为。现如今，新媒体技术的发展远远超出高校思想政治教育自身改革的速度。由于没有对教育理念、政策、目的等方面进行深入的分析，新媒体环境下的学校思想政治教育工作缺乏前沿认知。

第三，多样化平台所带来的负面影响。教育平台随着新媒体技术的广泛应用而变得多种多样，同时新媒体技术的普遍应用突破了限制和监管。随着手机网络的迅猛发展，互联网与手机的互动变得更加隐秘，这给信息安全部门和网络监管部门对信息的甄别和追踪增加了难度，给国家、社会和学校对思想政治教育的舆论引导增添了困难，弱化了舆论引导在高校思想政治教育中的作用。

二、高校大学生面对新媒体的影响

不仅高校思想政治教育环境受到了新媒体的影响，高校大学生也受到了新媒体非常大的影响。

（一）生活的影响

新媒体时代，各种形式的新媒介已经遍布了大学生的生活，影响了他们的衣食住行。比如，目前大学生的衣食住行几乎都在网上解决，统计显示，淘宝注册会员已经上亿人，而且每年交易额已达上亿元人民币，其中占有很大比例的是大学生。除了淘宝、微信、微博、人人网等的大量使用，使人们的交往越来越方便，关系越来越亲密，社交范围随之越来越大。同样，新媒体给大学生带来了利弊两方面作用，主要体现在以下方面。

1. 生活方式改变

较为轻松的大学生活使不少学生沉迷于网络，手机不离手已经成为普遍现象。大学生多数时间被新媒体占据，从而缩短了现实生活的各种活动时间，形成了一种矛盾的怪现象：在虚拟平台上，精神饱满，斗志昂扬，和陌生人交流得很好；在现实社会中，胆小懦弱、沉默自封。长此以往，大学生的行为和思想特别容易固化，出现迷失自我、逃避现实、厌恶生活的问题，久而久之，会出现许多心理疾病和精神疾病。

2. 冷漠的人际关系

大学生的人际关系也出现了很奇怪的现象：一方面，人与人之间的距离随着虚拟的网络世界缩短了，使人际交往更加方便；另一方面，拉大了现实生活中人与人之间的距离，使他们之间的交往越来越少。现在，大学生之间进行联络及问候不再是传统的面对面交流，而是通过各种形式的新媒体进行交流。这种人际交往方式少了许多人情味，不能充分表达情感，时间长了，就淡化了人际关系，从而造成人际交往关系的冷淡。这一现象还出现在与父母的交往中，青少年与父母存在一定的代沟,没有太多的共同话题,对问题的理解和看法也不尽相同,所以对父母、长辈的尊重和孝敬也变得淡薄。除此之外,大学生对个性的要求在新媒体中得到满足,个人自信心有所提升,但是在现实生活中和别人交往的范围却缩小了,长此以往,特别容易产生排他心理。

(二)学习的影响

根据武汉大学青年传媒(集团)开展的新媒体技术对大学生影响力的调查显示:新媒体技术对大学生的学习方法、方式产生积极影响,尤其是关于知识的积累,从数量和质量上都有很大提升。有数据显示,有的大学生认为,比起从前,新媒体技术的应用能帮助他们对专业知识进行更好的掌握,可以提升自己的科学文化素养,可以及时和深入地了解学界动态,开阔视野。特别是现在上课,老师利用多媒体使学生全面了解知识,使课堂更生动形象,不再仅仅根据书本和老师讲解来学习,提高了课堂的教学效率,也促进了教学模式的改革。

新媒体也给大学生的学习带来了负面影响。第一,新媒体知识和信息的传播没有系统性,也不完整,由于缺少专业人士的引导,大学生只能从表面对问题进行初步认识,做不到细致到位。新媒体搜索引擎非常便利,虽然可以帮助学生解决问题,但是也助长了他们的惰性和依赖性,使他们变得被动且浮躁,产生思维不活跃、不爱动脑等一系列问题。第二,大学生的人生观、世界观正处于成长期,对海量信息的甄别和抵制能力较差,容易偏激,一旦被错误的信息所迷惑,就会偏离正常的发展轨道,后果不堪设想。第三,因为社会接触和课堂交流都比较少,如果只是利用新媒体学习,不利于大学生创新能力的提升。

(三)心理的影响

1. 新媒体对大学生心理的益处

第一,大学生容易形成内涵丰富的自我。新媒体技术为当代大学生提供了广阔的平台,以全新的角度和维度来观察和了解社会和世界,这个平台充满活力和生机。它既满足了大学生对新事物的好奇心,又激发了他们的想象力、创造力和求知欲,使其思维变得活跃,使他们的潜力得以挖掘。

第二,有利于培养大学生的健康心理。大学生在新媒体的发展过程中找到了一个宣泄和倾诉自己不良情绪的场所,利用这种方式,他们可以将内心不满的不良情绪发泄出来,使他们紧张的神经得以放松,并得到一定程度的心理自疗,促进心理的自我完善。

第三,有利于大学生发展自我。新媒体把世界和大学生的距离最大化拉近,提供了更多的视角和途径,大学生借助这些手段,全方位、立体化地对世界形成一个较为合理的认知。全球性思维视角已经不是少数精英的专利，普通大学生也能够参与其中，更好地发展自己，最终得以实现自我的价值。

2. 新媒体对大学生心理的弊端

第一，新媒体带来的信息数量庞杂，容易使大学生迷茫，出现精神疲意、焦虑不安等心理问题。新媒体所传播的信息量不仅大，而且相当丰富多彩，大学生的心智还未成熟，心理还不稳定，长时间浸泡在繁杂的信息中，会被新奇、有趣的信息吸引，从而做出错误的判断，随着信息的变化，情绪也会漂浮不定。他们常常会不知所措，不能很好地处理这么多的信息，陷入焦虑不安、迷茫的状态，更有甚者容易产生精神疲惫，而这也正是心理不健康的一种表现。

第二，大学生在新媒体形成的虚拟化环境里，减少了现实生活中人与人之间的交流和沟通，容易产生封闭、冷漠的心理健康问题。当前相当一部分大学生中出现了严重的心理疾病，如"网络孤独症""人际信任危机""网恋"等。究其原因，一是现在的大学生多数是独生子女，一直被家人呵护，缺少了和同龄人的交流交往，他们总是独来独往，过分自恋，同时与同学、老师的交流又不是特别顺利，这就造成了既渴望被关注，又害怕主动交流的矛盾心理。二是新媒体使大学生陷入了一个封闭的虚拟环境，这种虚拟环境尽管给他们带来了一个多彩的世界，但同时也恶化了人与人之间的交流。三是大学生长期生活在网络环境中，已经对网络产生了依赖，而且许多人不能准确处理虚拟世界和现实生活的关系，影响了生活中的众多活动，出现了信任危机。

第三，新媒体创造了一个自由的空间，为大学生提供了多种途径，这就容易造成大学生的困惑和迷茫。作为自由平台，新媒体拉近了信息的接受者和传播者的距离，并提供了多种沟通途径，让大学生可以随时随地应用新媒体，可以根据自己的需要去了解信息。但是新媒体营造的虚拟世界也暴露出严重弊端。一是自由的虚拟世界出现了多种多样的自主选择的心理问题，导致部分大学生的个人主义越来越强。在虚拟世界里，人们可以放纵自己，说话做事都没有人管束，不惜滥用自己的权利，把新媒体作为宣泄不良情绪和追求自我的场所。二是在隐蔽的虚拟世界里，自由化程度达到了极致，任何人几乎都可以在里面为所欲为，因其受到的法律规制十分有限，所以不负责任的行为就会泛滥和充斥，正统的价值观念就失去了其在现实世界的约束和教化作用，从而使大学生在虚拟世界的行为十分隐蔽和随意，极易出现放纵违法行为，进而抛弃了自己肩负的责任和使命，忽略掉自己真实的社会地位和角色。

（四）价值观的影响

1. 新媒体给大学生价值观带来的益处

第一，培养"网络民主"的意识。"网络民主"是政治民主化的内在要求，它随着新媒体技术的发展而壮大。美国学者马克·斯劳卡曾经提出了"网络民主"一词，将网络与民主联系起来，进行更深入的研究，开始了新媒体时代对民主形式的新探索。它是民主在互联网中的全新表现形式，在网络空间不分种族、尊卑、贵贱，人和人不再受制度、地位、身份和纪律的约束，可以平等地表达感情，行使话语权，保留和坚持自己的观点。"网络民主"的形式既有利于拓宽参加政治的途径和方式以及民主的监督对象和范围，又催生了全新的网络监督模式。大学生对网络民主是欢迎的，他们积极地亲自参与，在披露贪污腐败、权力滥用这样的事件时，勇敢并且坚定，很好地诠释了当代大学生的正义感和责任感，很快成了舆论的焦点，引发社会热议。不得不说，网络民主让学生民主意识逐渐增强。

第二，增强主体的意识。新媒体给大学生群体创造了一个非常自由的、开放的、虚拟的交流工具，提供了一个展示个性的平台。在各种各样的论坛、空间，当代大学生如同主人，可以用虚拟的身份以自己喜欢的方式关注、评论政治事件。在没有新媒体之前，人们缺乏交流的平台，因此无法发表对各种问题的看法和建议，许多好的建议也无从发现。有了新媒体，大学生可以通过手机短信、论坛、微博等手段对自己感兴趣的话题进行评论、提问和建议，可以自由地表达心中的想法，做这个民主社会的主人。大学生在参政议政的过程中，可以得到现实生活中没有得到的满足感，增加了自信心，不断完善自我意识，增强主体意识。

第三，强化大学生开放意识。借助全球化，新媒体将全世界各个地域的社区和人之间的沟通桥梁最短化，人和人的接触更为便捷和迅速。信息全球化的迅猛发展，使世界各个角度、各个方面的矛盾和问题相互纠缠、不可分割，如发展和生态、人口和环境、全球化和全球变暖等，这些问题已经突破了国界的限制，成为人类所共同面对的全球性问题。因此，每个人都应当将自己的视野拓宽，站位更高一些，形成国际意识和全球观念，共同应对和解决问题。在这一方面，大学生作为积极吸收和接纳新事物的群体，借助新媒体更能培养自己的全球观，以更博大的心态来把握和认知这个世界，更广泛地阐释自己的看法和观点，开放胸怀，不畏惧任何涌现的突发事件和新兴现象，并通过这样的过程来强化自己的开放意识。

2.新媒体给大学生价值观带来的弊端

第一，易造成三观混乱无序。随着新媒体技术的应用及发展，新媒体实现了各国之间"零时间"的交流和传播，激发了各种文化的交流与发展，以前没有的活力现在正快速地发展着。西方腐朽的价值观念和社会思潮在众多文化中不可避免，然而这些负面的东西对我国的主流价值体系的弘扬和传播造成很大阻碍。在发展的过程中，人们逐渐淘汰和摒弃了老旧的观念，却又不能及时用新的有效的思想来补充和代替，这些腐朽的价值观就会乘虚而入，从而侵扰和玷污人的心灵。

西方传播的思想因为戴上了"普世价值观"的帽子而受到人们的热烈追捧，从而左右和束缚住了当代大学生的思想。对大学生来说，价值取向对自身的发展和行为方式尤为重要。目前，大学生的价值观还没有完全成熟，缺少一定的判断能力，而且青年人具有较大的好奇心，会造成他们盲目从众，误入歧途，不能做出理性和明智的选择，因而出现不同价值标准共同存在的情况，催生了三观的混乱无序，继而严重影响到了社会主义意识形态的稳定性和坚固地位。

第二，拉低了道德水平。近几年，国内外信息犯罪案件的统计调查显示，网络中出现了"情感欺骗"和"黑客行为"等犯罪案件，犯罪年龄大多数集中在18～40岁，平均年龄仅有23岁，一部分案例是受过高等教育的大学生所为，这从侧面反映出新媒体拉低了大学生的整体道德水平。大学生自身修养的问题和来自现实生活中思想政治教育弱化的问题是产生道德情操低下的原因。一是新媒体提供的平台隐秘性和自由性极高，容易让大学生造成误解，误以为互联网是绝对自由和不受任何束缚的，因而他们会恣意妄为，做出违背道德和法律的行为，甚至走向犯罪道路。在新媒体环境中，大学生的行为或言论很难被一个一个地进行监督。正是因为这种缺少"他人在场"和"真空"现象，让一些大学生为所欲为，表现出人性当中险恶的一面，从而做出一些不道德、不负责任的行为。二是因为法律制度和监管制度不健全，制度总是稍逊于事物发展的步伐，作为新生事物的新媒体亦是如此。法律制度的不完善和监管机制的不到位，降低了信息网络犯罪的成本。目前，计算机犯罪没有得到应有的惩罚，现实社会的道德规范不能制约人们在虚拟空间中的行为，因此计算机犯罪只是被发现，或者被指控。所以，目前急需解决的现实问题就是道德行为低俗削弱了青年大学生的道德判断力。

第三，价值观念的自我化。新媒体增强了学生的主体性和能动性，给大学生群体提供了一个自我表达的方式，实现了自我价值，但也带来了负面影响。一是新媒体增强了大学生的主体意识，使他们的表现欲望非常强烈，个人主义价值取向过于突出，过分追求自由。二是新媒体一直宣传和强化市场经济机制的利益、竞争，使精神价值追求和物质价值追求之间失去了平衡，使大学生的浮躁心理越来越强，强化了人生理想的庸俗化、价值观念的自我化，开始出现无视政府的自身行为现象。现在，大学生不再关心国家前途命运和集体利益，而是更加趋向贪图享乐、实现自身价值，长此以往，相当一部分大学生就会在错误的道路上越走越远，价值观会偏离正确的轨道，产生个人主义、金钱至上、一味追求私利、轻视传统、重索取轻贡献等一系列问题。

第四，弱化的民族认同感。世界各地、民族之间的交往随着新媒体的发展逐步加深和了解。在网络上，不同民族的思想观念、文化形态既有冲突之处，也有融合之点。目前，在语言方面，英语占据程度在全球范围内越来越高，以此为载体的美国文化蓬勃兴盛,风靡全球,反过来也对其他文化的地位和发展造成阻碍和破坏。全世界青年在它的诱惑和吸引下,逐渐远离了本民族文化,从而淡化了文化和民族认同感。中国社会科学院的调查研究显示,互联网虽然强化了青年地球村村民意识,但是弱化了他们的民族意识。现代青年带有很浓重的国家化气息,而新媒体技术的迅速发展,让当代青年不断吸收和接纳全球观念和国际领域的思考方式和行为方式,这确实符合时代的发展要求。与此同时,全球观念的兴盛导致了青年人对民族和文化认同感的减弱,并逐渐迷失了对自身的定位,从而出现了崇洋媚外和忘本的不良现象,对爱国主义和民族主义教育是一场大冲击。这样的发展态势不利于中国主流的社会主义核心价值观和思想体系的弘扬和传播,对中华民族文化的传承是个很大的绊脚石,更容易使大学生迷失自我,一味推崇和狂热相信西方所谓的"普世价值",从而抛弃了自己赖以生存和发展的民族根基,这就进一步弱化了自己民族的认同感,更加不利于我国当代大学生社会主义核心价值观的形成和确立。

三、新媒体对高校思想政治教育工作者的影响

作为高校思想政治工作者的主体,教育工作者同样受到了新媒体发展的影响,主要表现在以下几个方面。

(一)对思想政治教育工作本身的影响

1. 新媒体对高校思想政治教育工作者产生的益处

第一,拓宽了高校思想政治教育工作的途径和平台。教育的主客体是不可割裂,教育者的目标就是育人。在传统思想政治教育中,教育工作者把握受教育者的思想动态和心理状况,主要通过面对面的沟通和交流来实现,但这种单一的手段极容易使了解的内容片面和歪曲,掌握不了最为关键的问题,最终的教育效果仍然不尽如人意。新媒体不仅为思想政治教育工作者了解学生思想状况提供了更多的途径,还给大学生提供了交流和学习的新平台和新工具。在虚拟网络里,大学生可以畅所欲言,广开言路,充分阐释自己的观点,表达情感和意愿。在新媒体的辅助下,教育工作者能够更客观和准确地把握学生的特点和个性,并且对症下药,根据学生的需求,制定正确的教育方法,传播好的价值观和正能量,循序渐进,做好学生在自我发展和完善过程中的指明灯,为学生建立正确的"三观"提供便利条件。

第二,提高了高校思想政治教育工作的时效性。通过思想政治课及传统媒体等一些形式来实现思想政治教育工作,其信息的传播途径窄,方法单一,而具有

全方位、立体化的特点的新媒体，无论在传播速度、传播范围、传播动态等各个方面，都是其他形式不可比拟的。人们生活在新媒体时代，接受和获取信息的难度降低了，信息大爆炸，各个领域、各个门类的信息铺天盖地，触手可及。不仅如此，受众本身也是传播者，他们可以随时随地把信息发布到世界各地，所以新媒体深受大学生的欢迎和推崇，也成为他们关注世界、了解世界的一种重要手段。高校思想政治教育借助新媒体，可以了解到丰富、及时的信息，大大提高了工作效率，打破了传统教学程序的制约和时间限制，使思想文化的传播更加快捷与便利。

第三，增强了高校思想政治教育工作的实效性。思想政治教育的实效性指实践的效果或实际的功效，体现了思想政治教育预期目标与结果两者之间的张力关系。一是思想政治教育的内在实际效果，就是思想政治教育能真正培育学生树立正确的思想价值观念，真正成熟和理性起来，达到育人的根本目的。二是思想政治教育外在的效果，就是要求通过思想政治教育，教导学生完善人格、一身正气，从而改善大的社会环境，并为之注入健康的血液和进步的动力。思想政治教育的外在效果和内在效果是相互关联的，想要取得最好的效果，内在转化尤为重要。新媒体具有信息容量大、资源丰富、传播迅速等特征，这就为思想政治教育实现内在效果拓宽了渠道和门路。具体来讲，新媒体为高校思想政治教育工作者提供的信息量和资源量非常巨大，新媒体的快速化和及时性，提高了思想政治教育工作的效率，为其内涵、途径、方式、方法等提供了不可替代的便利条件，同时能提高信息的真实性和准确性，新媒体提供的宽阔平台拉近了思想政治教育主客体之间的距离，并且逐渐消除了他们之间的隔阂，从而有利于被教育者主动接受和了解教育的内涵，把思想政治教育的课堂带到学生生活、学习的各个方面，不仅促进了思想政治教育的社会化，还大大增强了思想政治教育的实效性。

第四，增强了高校思想政治教育工作的渗透性。隐性教育和显性教育两者是相对的。隐性教育是指在宏观主导下通过无计划、隐目的、内隐、间接的社会活动，使受教育者潜移默化地受到影响的一个教育过程。在这一点上，我们的教育者做得远远不够，效果甚微。直白、单一的面对面，虽然一针见血，但是效果却打了折扣。真正的隐性教育能够做到以"润物无声""潜移默化"的方式，不知不觉地影响和转变学生的价值观和思想态度。新媒体的隐蔽性，完全可以拿来用于高校思想政治教育，利用这个特点，开展渗透隐性教育。高校思想政治教育工作者可以采取网络论坛、微博、QQ、微信等形式，在日常生活中和休闲娱乐中慢慢实现渗透教育，一点点地对大学生进行思想教育，进而实现思想政治教育的目的。

2. 新媒体对高校思想政治教育工作者产生的弊端

第一，"无屏障性"是新媒体传播的一个特点，这也增加了高校思想政治教育工作的难度。一是大量的信息中包含了许多信息，有好也有坏，而这些信息没有经过筛选就进入了大学生的视野，这对还没有步入社会、阅历较浅并且极度依赖网络的大学生来说，很容易迷失在这繁杂的信息中，做出错误的选择。要帮助大学生分清是非对错，摆脱迷茫，并不是短时间可以实现的。大学生先要心智成熟、阅历丰富，形成正确的世界观、价值观，这也进一步增加了思想政治教育工作者的工作难度。二是新媒体信息传播的限制和管控十分微弱，又进一步增加了高校对校园网控制的难度。比如，肆意传播个人信息、暴露别人的隐私，类似的现象经常出现。这些不良的网络信息对大学生具有很大的吸引力，他们会在不经意间将这些消息传播出去，不断推动不良信息的传播。三是隐秘的新媒体传播方式给心理疾病和网络犯罪的人提供了条件。许多大学生在虚拟网络中肆意妄为，宣泄心中的愤懑，随意对身边的人和事、社会和学校进行攻击，这些都是由新媒体的弊端造成的。

第二，新媒体技术的"易更新性"，增加了高校思想政治教育工作创新的难度。随着新媒体技术的更新，新的应用方法也随之出现了，这就需要高校思想政治教育工作者提高自身能力，不断地进行创新。因为高校思想政治教育工作者对传统的思想政治教育模式的把控十分熟练，但是对新媒体技术的运用却比较生疏，使其在新形势下的工作中缺少主导性，达不到理想的教育效果。虽然在短时间内要求高校思想政治教育者的工作具有创新性是不太可能的，但是需要其保持清醒的头脑，敢于抛弃不合时宜的老旧观念和思想，努力摸索新媒体时代的工作方法和动态特点，把握好学生对新媒体技术的推崇和喜爱，充分发挥思想政治教育网络传播的吸引力。

第三，新媒体的"匿名性"，增加了高校思想政治教育工作针对性的难度。匿名性是新媒体隐秘性特征的一个方面。在互联网上，大学生可以自由表达内心情感，使高校思想政治教育工作者可以更便捷地把握大学生的思想脉搏。但是问题出现了，因为学生往往使用匿名来宣泄情绪、表达思想，使教育工作者不能具体到个人，所以高校思想政治教育要想针对每一个学生，就必须妥善改变匿名这样的现象，才能使工作有着力点和针对性。

第四，新媒体的"无序性"，增加了高校思想政治教育工作管理的难度。新媒体时代，新媒体用户不仅是接收者，还可以做生产者和传播者。几年前，美国皮尤中心发布的一项调查显示：有一部分美国青少年曾经有过被人在网络散布谣言、收到威胁性信息、未经允许公布私人电子邮件、未经允许上传令人难堪照片的经历。新媒体传播的"无序性"加剧了社会风险，是社会动荡不安的一个因素，不利于学生的身心健康发展。在新媒体技术的背景下，现代社会越来越难以进行制约和规范，给高校思想政治教育工作的有效管理带来了难题。

3. 新媒体对高校思想政治教育工作者主导地位的影响

（1）新媒体给高校思想政治教育工作者主导地位带来的益处。

第一，有利于高校思想政治教育工作者掌握工作的主导性。从高校思想政治教育工作的发展历程来看，教育工作者始终占据了主导地位，然而新媒体的迅速发展使当代大学生的思想观念和心理状态极不稳定且多变，老旧的思想政治教育模式已经不太适用，实际效果越来越差。新媒体的兴起，巩固和加强了教育工作者的主导地位，主要表现在三个方面。一是新媒体具有交互性。新媒体对当代大学生的心理状态和思想观念能够做到全方位、立体化的把握，进而能更好地分析他们的特质，为教育者发挥主导性创造基本的条件，特别是可以及时有效地处理、解决一些出现在大学生群体中的偏执性问题。二是丰富的新媒体信息资源。新媒体的兴起，提供了海量的资源和课题，极大地丰富了思想政治教育的内容和形式，如一些新语言和案例可以充实到具体课程中去，经过思想政治教育工作者的加工和处理，能够转化为趣味十足的教材。通过这些形式，思想政治教育工作者可以掌握主动权。三是新媒体的形态多样性。可以极大调动起思想政治工作者的热情和积极性，将文字、音乐、图片融合到一起，形成立体的文化传播形态，更具有趣味性，使大学生乐于接受，从而更加积极地融入学习过程中。

第二，有利于高校思想政治教育工作者增强工作的互动性。思想政治教育取得实际效果的关键是思想政治教育能够成为一个互动的系统，用于加强主客体之间的互动与交流。就思想政治教育现状而言，教育者与被教育者之间存在矛盾和隔阂，无法很好地进行交流与互动。新媒体的隐蔽性和匿名性，使思想政治教育工作者不再居高临下，大学生可以随时随地平等地与他们进行交流互动，这就创造了一种轻松、自由的氛围，有利于形成一种新型的主客体关系，有利于他们平等交流、相互尊重、和谐相处；有利于高校思想政治教育工作者增强工作的互动性；有利于在自由的新媒体环境下对大学生进行潜移默化的教育，使思想政治教育工作更加灵活和有效。

第三，有利于保持思想政治教育工作的高效性。传统的思想政治教育方式单一枯燥，主要是通过座谈会、课堂教学、社会实践等形式来进行的。在新媒体快速发展的今天，传统的思想政治教育形式已经过时，且效率低下，而新媒体的便捷和迅速，能够有效地改变思想政治教育工作的现状。教育工作者通过新媒体技术的运用能够有效地摆脱地域、时间限制，在很短的时间内有效把握社会热点，充分掌握和分析当代大学生的心理健康状态，将大量信息注入思想政治教育内容中，因材施教，分门别类地传递给学生，更深入、直接地进行思想教育。新媒体改变了大学生受教育的方式，他们不必在规定的时间到规定的场所接受。

（2）新媒体给高校思想政治教育工作者主导地位带来的弊端。

第一，高校思想政治教育的权威性受到威胁。新媒体给高校思想政治教育主客体之间搭建了一个平等相处的平台，但同时出现了两个方面的现象。一方面，教育者自身的新媒体素质不高、工作任务繁重、工作时间有限，因此使他们陷入了一个尴尬的境地，即新媒体的传播速度快，大学生与教育者能够同时接触到信息，甚至往往大学生速度更快，使教育者陷入被动的境地，这就会威胁到思想政治教育的权威性和主导性地位；另一方面，大学生获取信息的方式越来越多，覆盖面越来越广，而对新媒体所传播的信息，具有更多的看法与理解，并且有选择性地接受教育者的观点，更喜欢根据自己的意愿进行取舍，而不是根据事物的本来性质的好坏。这就减弱了传统思想政治教育过程中教育者的信息优势，尤其是现在有些思想教育工作者没有深刻了解到新媒体技术在思想政治教育中表现出来的新规律和特点，从而无法有效地利用新媒体来开展思想政治教育工作，这给教育者在大学生思想成长过程中的主导地位和权威性带来了强烈的冲击。

第二，高校思想政治教育的主导思想受到了损害。新媒体的出现也导致了思想政治教育工作者的两极分化，一部分工作者仍然存在陈旧的观念、保守的思想，不愿意利用新技术，不去更新自己已经过时的教育模式和传授方法，这样下去，大学生就更不会喜爱和接受，甚至被大学生抛弃；另一部分教育工作者不能适应时代变化，却又忽略了自己的主观能动性，竟然被大学生的观点同化，不假思索、不思进取，本身无法抵御西方所谓"普世价值"的诱惑。新媒体时代下高校思想政治教育的开展受到了多种问题的阻碍，它不仅降低了高校思想政治教育主导教育的有效性和思想性，还损害了思想政治教育工作者树立在大学生心目中的权威性。

第三，高校思想政治教育主导方式的有效性被弱化了。以课堂教学为主，以小组讨论、专题讲座、社会实践等方式为辅是传统的高校思想政治教育的主导方式，这种方式亲切自然，能够使教育者在现场感受到受教育者在情绪和思想上的变化，充分地体现出了思想政治教育的"在场有效性"，也在一定程度上改变了大学生的认知方式和自我表达方式。然而，具有开放性和交互性的新媒体技术，改变了社会对个人思想行为的制约机制，由于我们的管理经验不足，对负面和不良信息不能有效地筛选和甄别，这些垃圾信息快速大量地进入大学生的生活和学习中，给学生带来许多的消极影响，这对主流价值观和思想体系的长期性传播是个麻烦，思想政治教育的有效性被弱化。

4.新媒体对高校思想教育工作者教学模式的影响

（1）新媒体对高校思想政治教育工作者教育模式的益处。

第一，极大地充实了高校思想政治教育工作者的教育内容。传统的思想政治

第三章 新时代我国高校思想政治教育面临的问题及成因

教育由于客观因素，传播信息量小，很多方面触及不到或者覆盖不到，效果不尽如人意。新媒体技术的应用，把海量的数据注入高校思想政治教育内容中，主要表现在四个方面。一是信息化时代的新媒体本身对信息的储存、搬运和传播能力无可比拟，数亿的信息和资源涌入思想政治教育的各个领域，也使思想政治教育工作者在进行教育的过程中更加具有选择性和客观性。二是新媒体的广泛应用，使全球可以共享资源，改善了传统思想政治教育信息量小、教育覆盖面窄的问题。三是不断更新的新媒体信息，使教育者能够在短时间内收集和筛选符合当下潮流和思想政治教育要求的信息和资源，从而大大提高了思想政治教育工作的时效性。四是多种多样的新媒体技术，丰富了思想政治教育的方式和途径，拓宽了思想政治教育的渠道，许多思想教育工作者通过把声音、图片、文字、色彩融合到一起，把原来抽象的、难以把握的思想政治教育内容演绎出来，大大增强了思想政治教育的吸收力和实际效果。

第二，更新了高校思想政治教育工作者的教育方式。新媒体的广泛应用，带来了"四个转向"。第一个转向是开放式教育。传统思想政治教育的封闭性被新媒体扭转，拓宽了教育面，变得更为开放，而大学生接受教育的方式也变得多种多样，更加直接、具体，形成开放式教育。第二个转向是启发式教育。新媒体时代，填鸭式的教育方式已经被时代所摒弃，新的教育方式注重学生自主学习和思考的能力，引导他们自己去发现、分析和解决问题。第三个转向是双向互动式教育。新媒体时代使任何人都具有多重身份，教育者和被教育者的身份不是一成不变的，它会随着时空条件的变化而互换，通过彼此的交流和沟通，取长补短、相互学习、共同进步。第四个转向是服务式教育。新媒体技术的运用，使老师的说教态度大大转变，讲授气氛更加民主和轻松，老师的服务职能越来越凸显。

第三，丰富了高校思想政治教育工作者的教育手段。传统思想政治教育的手段比较单一，越来越不能满足信息时代的要求。新媒体技术的广泛运用，使思想政治教育的方法和方式由一变多，不再单调和枯燥。比如，微博、微信、贴吧、QQ等社交媒体，可以成为思想政治教育内容的传递者和搭载者，并逐渐成为受大学生欢迎和接纳的生动方式。具体来讲，利用高校的贴吧，将思想教育的内容以帖子的形式进行介绍，学生可以在帖子下与老师进行交流和讨论，这样可以把教育从课堂搬到平时的生活中去，使思想政治教育更普及和日常化；利用高校的官方微博或者微信公众号，把涉及思想政治教育中主流价值观和思想体系的热点新闻和社会事件进行报道，并附上思想政治教育者的正确观点和看法，通过这种方式来潜移默化地影响学生的行为和思维模式。

（2）新媒体给高校思想政治教育工作者教育模式带来的弊端。

第一，高校现有的思想政治教育模式随着新媒体的发展而受到排斥和批判。

高校思想政治教育的现有模式在新媒体技术的背景下，面临着全新的挑战，一方面，新媒体的虚拟性容易导致大学生迷茫和困惑，从而轻视了思想政治教育工作的重要性和必要性；另一方面，高校思想政治教育工作的部分教育模式、内容和方式方法已经不符合时代的要求，理应抛弃和改良，特别是涉及前瞻性的实践与理论的研究，无法跟上新媒体技术的发展速度。所以，思想政治教育工作者应当不断创新，去探索教育的新模式，进行教育改革和升级。这是一个新的考验。因此，完善传统的思想政治教育模式，使其适应新媒体时代的发展要求，是目前教育工作者必须进行的一项工作。

第二，高校现有的思想政治教育的引导功能随着新媒体的发展被削弱了。大数据时代，新媒体携带和传播的信息数量巨大、种类繁杂，其中掺杂一些不道德、扭曲的、落后的思想观念，极容易毒害当代大学生的心理，高校思想政治教育的引导功能的难度也随之增加了。然而，高校思想政治教育传统模式随着新媒体的壮大逐渐受到排斥，这阻碍了其引导功能的发挥，该问题的解决刻不容缓。

第三，新媒体的发展一定程度上不符合高校现有的思想政治教育内容。高校思想政治教育的主体内容，是按照国家教育部制定的培养要求来确定的，通过"诱导式"和"灌输式"的方式来教育受教育者。这样，既保证了思想政治教育任务与目标的实现，又体现了思想政治教育的性质。和教育目标保持一致性与趋同性是在这种条件下形成的教育内容的最大好处，其弊端是造成教育模式和内涵不容易变动、止步不前，看不到大学生个体的特殊情况和需求，不能对症下药。信息时代下的互联网极速发展，大学生接收信息的途径越来越多，历史新闻和热点新闻等任何存在的文化形式都能够被获取和认知，受多元化价值观的影响，大学生推崇无拘无束、自由自在的表达方式，用来释放紧张的神经和最初的心灵，对正统的教育模式和内容，会出现厌倦和抵制的心态。这样看来，新媒体具有的言论自由性、表达交互性、内容随意性、传播快捷性的特点，给当前高校思想政治教育的主体内容提出了新挑战。我们需要对思想政治教育内容进行革新和取舍，以适应新的形势和实际情况。

第四，高校现有的思想政治教育方式方法随着新媒体的发展受到一定的排斥。所谓思想政治教育方法，就是在马克思主义世界观的指导下，能够实现人的自我完善和发展的任何方式、方法、手段和途径。单向教育的模式是指传统的思想政治教育要求教育者以自身的行为来教授受教育者,学生处于一种被动接受的地位，这种模式将主客体彼此交流和沟通的渠道堵死了，变得僵硬和死板，学生也越来越讨厌这种方式。当然，这种思想政治教育方法也是最简单和直接的，可以使学生正面吸收和理解，以实现思想政治教育的预定目标。新媒体技术的应用改变了原有的传播方式，由单向传输转化为双向互动交流，这虽然得到了大学生的欢迎，但是思想政治教育的预定目标却难以实施,并且无法轻松地收到思想政治教育的预期效果。所以,如何主动运用并学习新媒体技术,将传统的思想教育方法现代化,是高校思想政治教育工作者面临的难题。

5.新媒体对高校思想政治教育工作者自身素质的影响

(1)新媒体给高校思想政治教育工作者自身素质带来的益处。

第一,高校思想政治教育工作者的视野扩大了。互联网的发展进一步推动了全球化的步伐,信息传递的渠道被大大拓宽,人与人之间的沟通方便快捷,人们已经广泛认同了新媒体技术带来的好处,如开阔眼界、活跃思想、创新精神、提高效率、共享信息等,这就奠定了高校思想政治工作在新媒体时代的思想基础。新媒体带来的三大弱化,提升了高校思想政治教育工作者的眼界,一是弱化了各国之间的界限,它引导思想政治教育工作者在了解国内信息的同时,也要利用新媒体技术及时了解和掌握国外的信息,关注全球各地,不再受地域限制,从而做好应对一切问题的准备,只有这样才能掌握高校思想政治教育的主动权;二是弱化了高校与外界的界限,它推动思想政治教育主客体两个群体把目光投向校园围墙之外,身体力行,亲自去体验和感受,这样形成的认识更加深刻,寻找其发生的根源,并对症下药;三是弱化了课堂内外的界限,新媒体使思想政治教育活动更加灵活,课堂内外均有教育的渠道和机会,特别是课下的沟通和交流,从而进行一定的思想教育。

第二,促进高校思想政治教育工作者现代观念的确立。与现代社会相适应的思想观念才是现代观念,它会随着时间的推移不断更新和变化。目前,高校思想政治教育工作者的现代观念包括科学观念、时空观念、平等观念、素质观念和效率观念等。新媒体运行快捷这一显著特点,有利于思想政治教育工作者加强效率观念,促进教育者思想观念的革新和更迭。思想政治教育工作者通过新媒体可以更好地接触外部世界,打开获取新知识的大门,有利于本身知识架构的改善和合理化以及自身观念的转变。新媒体技术将全球信息放在网络上,使思想政治教育工作者形成更广阔的全球观念,进一步加强了思想政治教育主客体之间的交流和沟通。思想政治教育工作者根据新媒体技术构建了一个虚拟的现实,在这个虚拟世界中,沟通和交流成了信息传递最基本的形式,作为主体在其中运动,与各种人事进行交流,然而在实际上,这些都是靠信息运动来实现交流的,能够透过现象抓本质,增强了自己的分析能力。

第三,促进高校思想政治教育工作者个人能力和综合素质的提升。新媒体除了推动思想政治教育模式的革新和完善,还对思想政治教育者的综合素质的要求大大提高。当下,思想政治工作者应当加强对新媒体的全面认识,不断分析它的特点以及优缺点,进而提高自身的工作水平。思想政治教育工作者要注意以下问题，一是在确保思想政治教育工作方向正确的前提下，不断提高政治素质和思想道德素质；二是要客观认识自我，进行科学定位，在此前提下，利用好新媒体网络，养成不断接受和认识新鲜事物的良好习惯，提升自己的品位，并主动与思想政治教育工作相结合。比如，在"两课"教学中，要根据教学工作的需要，积极寻找网络资源，随时随地更新教育素材，并且利用声音、动画、图片等方式使形式更加生动，丰富思想政治教育的内容，吸引学生。再如，在平时的管理中，要积极利用新媒体开展相关的测评和调研，及时了解和掌握大学生的精神需求、心理状况和思想动态，使思想政治教育更加切合大学生的学习生活，以此取得更好的效果。

（2）高校思想政治教育工作者自身素质受到新媒体的负面影响。

第一，个别思想政治教育工作者的价值观和理想信念受到冲击。随着新媒体的迅速发展，新的思想政治教育工作渠道和手段越来越多了，同时出现了一些负面影响。在众多的影响中，高校思想政治教育工作者的思想观念受到的冲击最为严重。在现代社会，新媒体虽然提供了"超国家""无疆界""超民族"的空间，但作为一种方便快捷的信息传播方式，已经成了意识形态的斗争阵地和传播工具。而思想政治教育的主客体同样受到了西方所谓"普世价值"的侵扰和渗透，以美国为首的西方国家传播的资本主义生产方式和价值观念，严重破坏了年轻的思想政治教育工作者的传统价值体系，这不仅会对大学生的思想产生负面影响，也会影响到高校思想政治教育的有效开展。

第二，少部分高校思想政治教育工作者的业务能力差。面对日新月异的世界，部分高校思想政治教育工作者仍然反应迟钝，不能适应和主动转变自己的思想观念，甚至对新媒体一无所知，从而阻碍了其创新能力和想象力的发挥。北京理工大学课题组对北京思想政治理论课任教老师的调查结果显示，虽然大部分老师已经能够较为熟练地使用网络资源，但其仍然不会采用新媒体方式进行授课，在获取信息的能力上，许多老师表示力不从心，无法快速准确地找到所需要的资源，仅有很少老师表示基本掌握多种查询方法，能熟练获取所需资源。当前思想政治教育工作者的知识结构单一，即使思想政治工作与各个具体学科领域关系密切，但是许多高校思想政治工作者学的专业主要是政治学、哲学、伦理学等学科，基本上很少了解时下流行的文化和思潮。在使用新媒体进行学习的时代，传统的思想政治教育工作者难以控制学生对信息的接受和辨别。

第三，一部分高校思想政治教育工作者的整体素质低下。整体素质低下的现象普遍存在于一部分高校思想政治教育工作者中，究其原因，一是网络语言表达能力欠缺，部分教育工作者对网络文化的发展和涌现不重视，甚至毫不了解，使自身与网络时代割裂和脱节，更不要说用流行语来和学生沟通与交流了。二是观察能力较弱,他们没有养成多渠道了解自己学生的意识,特别是新媒体手段,与受教育者的代沟逐渐拉大,再加上不懂得认知和剖析网络中新兴的现象和问题,因而就不能有针对性地开展思想政治教育工作。三是不注重调查研究能力的培养,他们不懂得利用新媒体平台,有目的地开展一定规模的网络调研和信息分析,更不用说利用信息合理预测大学生思想发展的方向了。四是组织协调能力的欠缺,面对存在不同问题和不同需求的大学生,教育工作者无从下手,或者还是老套地说教,这样的效果不言而喻。五是调控能力不强,在授课过程中,他们不能将时下备受关注的热点事件和突发新闻同教育内容相结合,导致思想政治教育与时代脱节,大大削弱了其时效性。[①]

[①] 季海菊. 新媒体时代高校思想政治教育研究 [D]. 南京:南京师范大学,2013.

第四章 新时代解决我国高校思想政治教育问题的指导思想

马克思指出:"理论只要说服人,就能掌握群众;而理论只要彻底,就能说服人。所谓彻底,就是抓住事物的根本。"① 所以,我们要建立解决新时代高校思想政治教育问题的指导思想,并按照这些指导思想的要求付出行动,使高校思想政治教育工作方式及内容亲近生活、亲近时代、亲近大学生。

第一节 我国高校思想政治教育的指导思想

一、新时代解决高校思想政治教育问题的根本指导思想

新时代解决高校思想政治教育问题的根本指导思想是中国特色社会主义理论,并且是在什么情况下都必须坚持的一种指导思想。

马克思主义用科学的世界观和方法论深刻揭示了自然界、人类社会和思维发展的根本规律,成为无产阶级政党建设和发展社会主义的根本指导思想。马克思历史唯物主义和辩证法思想要求理论结合实际,要实事求是,一切从实际出发,以时间、地点、条件为转移,具体问题具体分析。从客观上看,这都是进一步诠释和解读时代性的哲学原则和哲学思维。中国特色社会主义理论是马克思主义中国化思想的动态表现,马克思主义基本理论在中国特色社会主义建设和改革开放过程中被赋予了新的时代特征和内涵。邓小平同志曾说:"世界形势日新月异,特别是现代科学技术发展很快。现在的一年抵得上过去古老社会几十年、上百年

---

① 马克思主义哲学史编写组.马克思主义哲学史[M].北京:高等教育出版社,2012.

甚至更长的时间。不以新的思想、观点去继承、发展马克思主义，不是真正的马克思主义者。"[1]2013年1月，习近平总书记在新进中央委员会的委员、候补委员学习贯彻党的十八大精神会议上发表了《毫不动摇坚持和发展中国特色社会主义》的重要讲话，他强调："党的十八大精神，说一千道一万，归结为一点，就是坚持和发展中国特色社会主义。"他认为，坚持和发展中国特色社会主义的根本依据是时代性，"马克思主义必定随着时代、实践和科学的发展而不断发展，不可能一成不变，社会主义从来都是在开拓中前进的。坚持和发展中国特色社会主义是一篇大文章"。

高校思想政治教育的社会实践活动，首先，必须站在马克思主义立场，对高校学生存在的理想信念、思想政治素质、道德作风、先进性等方面的问题，进行辩证看待和分析，以马克思主义的观点和方法进行具体问题具体分析，因材施教，对症下药，将学生的特殊需求和问题考虑进去，才能真正提高他们的思想政治素质。其次，要让高校学生养成理论和实践相结合的行为习惯，将掌握的马克思主义理论和自身的发展与完善相结合，不断验证理论的正确性。作为高校思想政治教育的工作者，要发挥历史的主动性和创造性，清醒认识世情、国情、党情的变和不变，永远要有"逢山开路、遇河架桥"的精神，锐意进取，大胆探索，敢于和善于分析并回答现实生活中和学生思想上迫切需要解决的问题，不断深化改革开放，不断有所发现、有所创造、有所前进，不断推进理论创新、实践创新、制度创新。

除此之外，高校学生还应当加强中国特色社会主义理论的学习，因为它是中国70年来建设的经验总结，是最符合中国国情和中国发展道路的理论指导。大学生要坚持用最新的中国特色社会主义理论来丰富自己，从而提高自己的思想政治道德素养，实现自我的发展和完善。

二、新时代解决高校思想政治教育问题的基本指导思想

新时代解决高校思想政治教育问题的基本指导思想是在根本指导思想之下确立的，用于指导解决高校思想政治教育问题的基本策略和方针。

思想政治教育要以国家和社会的发展为中心任务，只有这样，思想政治教育内容才能保持在正确的轨道上运行，并且跟随时代的步伐科学规划教育内容，实现其有效性。即使时代在不断发生变化，也一定要围绕党的中心工作及时调整高校思想政治教育的时代性和发展性内容。习近平总书记指出："当前，全党面临

---

[1] 中共中央文献编辑委员会.邓小平文选[M].北京:人民出版社,1994.

的一个重要课题，就是如何正确认识和妥善处理我国发展起来后不断出现的新情况新问题。现在，我们遇到的问题中，有些是老问题，或者是我们长期努力解决但还没有解决好的问题，或者是有新的表现形式的老问题，但大量是新出现的问题。新问题每时每刻都在出现，而且多数又是我们过去不熟悉或者不太熟悉的。出现这样的状况，是由世情、国情、党情的发展变化引起的。"他还提出，"要着力服务全面建成小康社会、全面深化改革、全面依法治国、全面从严治党的战略布局。'四个全面'的战略布局是从我国发展现实需要中得出来的，从人民群众的热切期待中得出来的，也是为推动解决我们面临的突出矛盾和问题提出来的。"

当前，全面深化改革，推进国家治理能力和治理体系现代化，依法治国，最终实现国家富强、民族复兴和人民幸福"三位一体"的中国梦是党和国家的中心工作。所以思想政治教育就要围绕这一中心和关键，努力提高大学生的思想政治道德素养，增强大学生思想政治教育的针对性和实效性。

第二节　坚持中国共产党的领导

习近平总书记指出，办好我国高等教育，必须坚持党的领导，牢牢掌握党对高校工作的领导权，使高校成为坚持党的领导的坚强阵地。党委要保证高校正确办学方向，掌握高校思想政治工作主导权，保证高校始终成为培养社会主义事业建设者和接班人的坚强阵地。各级党委要把高校思想政治工作摆在重要位置，加强领导和指导，形成党委统一领导、各部门各方面齐抓共管的工作格局。各地党委书记和有关部门党组书记要多到高校走走，多同师生接触，多去高校做报告，回答师生关注的理论和现实问题。要加强同高校知识分子的联系，多关心、多交流、多鼓励，善交朋友、广交朋友、深交朋友，多听他们的意见，真听他们的意见（参见附录一）。

进入 21 世纪以来，全球局势日新月异，风云剧变。中国面临的国际环境依然严峻。总的来说，多个新兴国家逐渐壮大，相互制衡和竞争，呈现了一超多强的局面，世界处在一个相对和平的状态。但是，少数地区依然动荡不安，局部战争时有发生，霸权主义和强权政治并没有消失。美国和西方其他一些发达国家利用自己的经济军事力量以及传统的优势地位，肆意妄为，主导制定有利于自己的游戏规则，把多数发展中国家玩弄于股掌之中，借助全球化把控弱小国家的经济命脉。它们把自己主张的价值观念和政治民主包装和美化，不断深入中国的各个方面，不断侵扰中国人民的思想，一直不放弃对我国进行"和平演变"。这些已经成为我们党的全部工作和建设中最不能忽略的重大时代背景。面对新形势、新情况，只有不断完善和发展自己，才能更好地推动中国特色社会主义伟大事业的崛起。

从思想政治工作的实际效果来看，首先，要高度重视并真正将思想政治工作作为党的领导的重要方面，不要因为走得太远，而忘记了为什么出发。这一条基本经验是提高思想政治工作有效性的重要手段。其次，党的思想政治工作本质的内在要求是自觉接受和加强党的领导，因此必须教导学生充分认识和尊重党的领导地位，时刻紧紧跟随党的前进步伐。只有从政治、思想、组织等方面加强和改善党对思想政治工作的领导，实现思想政治工作与其他各项工作的有机结合，才能全面将中国特色社会主义事业继续推进，也才能创造有利条件，增强思想政治工作的有效性。

加强党的领导与党的作风建设一样，是增强思想政治工作有效性的重要前提。党的十五届六中全会讨论通过的《中共中央关于加强和改进党的作风建设的决定》指出："执政党的党风，关系党的形象，关系人心向背，关系党和国家的生死存亡。"首先，改善社会环境的关键在于党的环境。党作为领导核心，其作风对社会的各种风气具有无可替代的导向性和指导性，只有党风整顿好了，社会风气才会健康发展，思想政治教育工作的社会环境和校园环境也才会向好的方向发展。另外，在与世界各国交流和合作时，我们要自觉保持清醒头脑，不断加强自我的作风建设，注重社会氛围的改善和维护，为思想政治工作的开展创造各种便利条件。其次，党向人民群众展现的一面旗帜就是党的作风。这面旗帜的光彩与否直接关系人民群众对党的信任程度。如果失去了人民群众的信任，那么就失去了人民群众，思想政治教育的意义便不复存在了，更不用提其工作的功能和效果了。

增强思想政治工作的有效性可以依靠加强党的理论建设。江泽民同志在国庆40周年讲话中指出："党在理论上的提高，是党的领导的正确性、科学性的根本保证。"从思想理论内容上看，党确立和建设的思想理论体系，必须要在思想政治教育工作中充分展现。思想政治教育工作若要被接纳，达到高效的目的，就必须用党的理论来科学分析和把握事物的本质，以及其发展的客观规律和存在的客观状态。推进理论创新的国际大背景是新媒体和互联网为代表的信息化时代，一超多强的局面以及世界经济的一体化。要想加强党的理论建设，就必须坚定不移地坚持马克思列宁主义、毛泽东思想、邓小平理论、"三个代表"重要思想、科学发展观、习近平新时代中国特色社会主义思想等重要思想的指导，并且不断总结经验教训，面对新的问题，不要畏惧，灵活运用党的指导思想来分析和解决问题，用实际行动来证明指导思想的伟大、光荣和正确。勇敢积极地同各种错误思潮作斗争，不断加大理论学习和宣传的力度，利用一切条件，充分发挥创新的马克思主义理论的战斗力和说服力，这直接关系到能否加强思想政治教育的有效性。[①]

第三节 强化思想政治教育的针对性

一、提高思想政治教育内容的针对性

思想政治教育的内容属于社会意识范畴，只有这种意识遵循了客观规律，做到了从实际出发，具体且有针对性地解决发展过程中的难题，才能被人认可和推崇。这就决定了思想政治教育必须符合时代发展的潮流和步伐，只有加强思想政治教育的针对性，才能构建起直通教育主客体之间的桥梁，才能增强受教育者的接受程度，才能使思想政治教育产生实际的效果。

经济一体化和全球化使各国之间的隔绝不复存在，相互之间的关系更加密切。在国与国之间竞争和交流的过程中，各国主张的主流文化并存发展，却又相互融合和冲突。面对这样的形势，人们的思想逐渐开阔起来，视野更加宽广，对不同的文化都存在一种想要了解和体验的冲动，这无形中又使思想政治教育面临的形势更加严峻和复杂。当前，思想政治教育工作应当在内容上从中国和世界的新形势出发，在党的指导思想的指导下，不断创新，并且灵活地和社会发展与时代的要求相结合。否则，思想政治教育就会由于缺乏针对性、有效性和主动性，而不会被人民群众接受，最终丧失生命力。

在经济全球化过程中，我们要注重加强爱国主义教育，这样才能增强经济和社会发展过程中的精神支撑和鼓励。如今，爱国主义被赋予了新的时代特征，它对增强民族向心力和文化认同感十分重要。经济全球化的实质就是世界各国为了追逐更大的自身利益，向外进行利益扩张的一种国际利益关系态势。当前，贸易文化和经济生活越来越趋向于全球化，拥有全球视野和开放态度的人才更具有竞争力，成为跨国公司的争抢对象。与此同时，中国经济的民族色彩同样要保持下去，这是涉及国家意识和民族自信心的重要问题。

我们要把自己的心态放宽，用全球视角来分析和考虑问题，互通有无，做到经验技术和资金的共享，共同规避国际风险，达到"双赢"的局面。在此过程中

---

① 吕康辉. 全球化背景下的思想政治教育有效性研究[D]. 福州：福建师范大学，2002.

逐步提高中国的国际地位，扩大影响力和发言权，将中国的传统美德展现给全世界。面对时代变革，当代思想政治教育必须根据时代的需要，主动去调整思想政治教育内容。因此，我们要坚持正确的价值观和思想体系，增强抵御能力，不断完善和发展自我；要培育勤俭节约与艰苦奋斗的意识，不要被享乐主义和消费主义吞噬。

随着国与国之间经济交流合作的日益增多，国家的整体精神风貌和文明进步程度可以由具体的国民素质展现。中共中央正式颁布的《公民道德实施纲要》已经充分表明，我国国民的精神文明风貌、我国公民道德的基本规范是明礼诚信、团结友善、爱国守法、敬业奉献、勤俭自强。这些规范，既继承了民族传统道德（如自强、明礼、爱国、奉献等），又吸收了西方先进道德理念（如守法），同时反映了当代社会主义市场建设的需要（如诚信），体现了世界性、民族性和时代性的有机统一。这也是思想政治教育工作的重要内容。

面对全球化的潮流，思想政治教育要不断更新和改善，锐意进取，保持大局意识，为深化改革和社会发展提供精神支持。同时，我们要提高警惕，增强自我防御能力，自觉抵制西方腐朽思想的侵扰和渗透，不断拓宽教育内容，及时关注和研究人类面临的普遍问题，增强人类关怀和全球意识。

二、针对教育对象的需要和特点进行思想政治教育

（一）针对教育对象的需要进行思想政治教育

在社会生活中，面对纷繁复杂的情况，我们总会有各种各样的问题和需要，当有了需求和意愿，才有可能转化为前进的动力，不断完善和发展自己。思想政治教育必须牢牢把握住这一实际情况，深刻分析受教育者的心理状态以及他们的特殊需要，做到因材施教、对症下药，结合多种途径和手段，不断调动被教育者的积极性和自主性，引导他们提升自己的思想政治素质以及分析问题和解决问题的能力，加强自身的修养和自我治愈能力，不断取得进步。例如，针对教育对象对我国加入世界贸易组织的认识，我们要加大宣传和传播力度，不断推动人们拓宽自己的思路和视野，将"入世"的客观利弊完整呈现给受教育者，避免迷茫和慌张。思想政治教育要善于抓住时空条件，尤其是层出不穷的社会热点和突发事件，这样才能使大学生接受思想政治教育时不会感到空洞，从而达到最佳的效果。

（二）针对教育对象的特点和实际进行思想政治教育

一切从实际出发应该作为思想政治教育工作的原则和方针，然而就目前情况

而言，思想政治教育忽略客观情况而大谈主义的情形仍然存在，其有效性一定会被这一现象影响。思想政治教育工作者的基本能力和有针对性地开展思想政治工作的前提条件是增强对"教育对象"的观察和了解。思想政治工作从某种意义上讲就是做人的工作。"情况不明决心大，心中无底办法多"是大家最害怕出现的现象。

思想政治教育工作者想要进行思想政治教育工作，首先必须正确把握教育对象的特点和实际，不断总结和分析，才可能有针对性地开展思想政治教育工作。只有了解教育对象，才不会出现"盲人骑瞎马，夜半临深池"的现象，从而起到实际效果。所以，我们要加强调查研究，了解教育对象，运用"弃粗取精、弃伪存真"的方法对教育对象的思想进行分析，找出问题的原因。

信息全球化使信息的传播呈指数级增长，各种门类和性质的信息铺天盖地，极大地丰富了人们的精神世界。尤其是面对不断涌现的社会热点和突发事件，人们充满了兴趣和关注，从而形成了自己的观点和看法，并与他人展开深入讨论，这样的现象实属正常。在此过程中，思想政治教育工作者应该充分发挥自己的作用，注重培养受教育者分析问题和解决问题的能力。思想政治工作要想有效达到预期效果就必须符合受教育者的思想实际。这样看来，想要缩短教育主客体之间的沟通桥梁，增强思想政治教育的生动性和活力，只有思想政治教育工作者充分针对教育对象的特点和实际，做到因材施教、对症下药，跟上时代发展的步伐，才能更好地增强思想教育的有效性。

三、加强思想政治教育主客体建设

（一）切实提高思想政治教育者的素质

思想政治教育的本质是将人的思想品德和心理素质社会化，促进人不断适应新社会和时代发展的新情况，在我国当前国情下，就是将受教育者培养成能够满足社会发展需求的新时代青年，以适合社会主义现代化建设的需要。实践表明，人作为社会环境和教育的产物，其心理状态和思想政治修养对自身的发展不可或缺，与思想政治教育不可分割。所以，思想政治教育工作者的队伍建设显得十分关键。

社会发展新时代，思想政治教育者的素质也有了新的要求和含义。全球化时代的思想政治教育者必须要有足够的经济知识、更宽广的世界观和发展观、更高水平的业务能力以及应对变化的灵活机动性。要想打造一支政治素质高、业务技术精的思想政治教育队伍就必须对其结构进行调整，加大投入力度。坚定明确的政治态度、扎实的工作能力和优秀的人格品质是思想政治教育者应该具备的，因为这些都直接影响思想政治教育的客观效果。只有时刻牢记其政治指向是以党为代表的最广大人民的根本利益，思想政治教育的有效性才有可能提高。教育者只有作风正、能力强，榜样示范的作用才能发挥出来，才能得到被教育者的尊重和认可，从而为思想政治教育工作的开展提供便利。也就是说，教育者的思辨能力和工作的方式方法，在很大程度上影响思想政治教育工作的吸引力和引导力。

在全球化视角下，人们的生活方式丰富多彩，生活条件逐步改善，这对思想政治教育者的业务和素质提出了更高和更多的要求。因此，思想政治教育者应主动思考求变，遵循客观情况，不断完善和发展自己，从而完成自己的使命和任务。思想政治教育者提高思想政治教育的有效性应从以下几方面来努力。

第一，加强学习。对于思想政治教育者，必须要确立正确的政治方向，必须要把握马克思主义理论，必须要加强政治分辨能力。因此，马克思主义理论是必须要努力学习的内容。思想政治教育者要学会将马克思理论与解决新时期、新形势的问题和矛盾相联系，不断证明该理论的正确性，从而增强自身解决和分析问题的能力。同时，要深入研究自己的专业能力，使自己的专业素养更加精深和具有时代性，还要努力学习和掌握基本的科学文化知识，做好知识储备，并能够灵活运用到思想政治教育工作当中。必须把握住教育对象的思想脉搏，并用科学的思想去影响他、感化他。

第二，培养自己的创新意识和创新能力。当前，思想政治教育工作与社会脱节，落后于时代步伐的问题比较突出。面对这一困境，思想政治教育者必须做到主动求变，不断培养自己的创新意识和创新能力，不断革新工作理念，拓宽和改善思想政治教育的方式方法，特别注重与当下热点、难点相结合，满足教育对象的需要，不断提高思想政治教育的感召力和渗透力，以达到较好的效果。

第三，工作作风实事求是。思想政治教育者要坚持务实的工作作风，把思想政治教育做成实实在在的工作，避免吹毛求疵，杜绝单一教条的教育方式，为思想政治教育注入新的血液和活力，不断解决受教育者存在的心理问题和困惑。教育者应当学会自我科学定位，了解教育对象，多方面寻找问题源头。

（二）提高受教育者的接受和自律能力

1. 提高受教育者的接受能力

教育者与受教育者之间形成的"双边"关系实质上是思想政治教育的过程，也就是思想交流和感情交流的过程。想要使受教育者的接受能力提高，实现思想政治教育的效果，就必须充分调动两者的积极性。显而易见，思想政治教育有效性的落脚点是受教育者的接受性，只有他们具有强烈的学习意愿，积极主动地接纳和学习，思想政治教育工作才有可能成功。

在全球化和信息化的背景下，思想政治教育遇到的困境是受教育者主动性的缺失以及思想政治教育的覆盖面窄和涉及程度低。社会腐朽思想、落后文化的负面影响、全球化的影响、网络传播方式的冲击，使思想政治教育的素质并没有得到相应的提高，工作局面也没有满足新时代的要求，这些都使教育对象的可接受性受到了严重影响，思想政治教育的有效性从而被大大降低。所以，我们必须从教育对象的接受性角度来寻找对策，提高思想政治教育的有效性。

教育者想要很容易地被受教育者接受，一定要提高自身素质，从受教育者的实际问题出发，不断革新思想政治教育的方式方法，最大限度地拉近主客体之间的关系，要力求"真"地选择内容，要力求"精"地选择数量，要力求"新"地选择方法。这样受教育者的心理活动规律才能与思想政治教育相符合，开放性的特点才能被体现。思想政治教育不可能一步到位，因此教育主客体之间的矛盾应当得到妥善解决。而教育者和教育对象的相互沟通是建立在心理相容的基础上的，只有做到这一点，才能拉近两者之间的距离，达到心理上的交流和沟通，进而达到心理相容。

除此之外，思想政治教育者要牢牢遵循思想政治教育工作的客观规律，其需要制机、内化机制、情感机制、自我意识机制等内在的心理机制的研究必须得到加强。学生自己的接受性和积极性对思想政治教育工作的反馈十分重要。一般来说，不同受教育者的年龄、职务、接受教育程度、价值观念等方面都具有较大的差异性。所以，教育者应当主动关注当下的热点、难点，使每个受教育者正确合理的需要通过教育活动的目标、内容及方式得到适应和满足。

2.提高受教育者的自律能力

面对世界的多样化、价值观念的不同，人们的人生理想和生活方式拥有更大的自主权，人们的道德意识也有了更高的要求，人们的自律意识也面临着新的挑战。特别是在没有国家、地域限制，没有时间、空间要求的网络世界里，网络信息的隐蔽性和自由度对每个体验者心理的自我约束和管控能力提出了更高的要求，因此受教育者自律能力的提高尤为重要。提高其自律能力的前提是使教育对象学会自我调节。

思想政治教育者通过把握不同年龄阶段的受教育者的心理状态和变化过程，培养其积极情感，克服消极的情感。乐观向上的心态、时刻保持与新时代的步调是教育对象必须要具备的；营造健康、和谐、自由、进取的氛围，同时，进行心理素质培训，开展"劳动、科技活动、文体活动、社会调查"等有利于教育对象身心健康的社会实践，良好思想品质的形成才能被促进。自我调节的关键是正确认识自我、评价自我。处在成长阶段的青年人有迅速发展并开始深入自己的内心世界的独立性和自觉性，但是他们对自己的认识还比较肤浅，这是他们的主要问题，需要随时对自己的错误进行纠正，慢慢地发展自我、完善自我，通过不断地认识和调节，改正自己的不足。要通过一系列的活动，培养他们的同情心、羞耻心、自尊心、责任心，从而达到内化为教育对象心理需要和行为养成的自觉要求。

构建思想政治教育的"自育"模式是提高大学生自律能力的有效手段。加强受教育者的自我分析、自我发展、自我治愈、自我完善是思想政治教育"自育"的主要内容。思想政治教育的内容和方法要从受教育者的实际需求和心理状态出发，真正把教育对象作为认识活动和道德实践活动的主体并挖掘其主体潜能，使教育对象本身蕴含的能动性、自主性等充分地被调动起来。思想政治教育"自育"模式的构建是一项整体工程，理论先导要有，数据调研、方式方法、实践操作都不可或缺。自我教育要求受教育者要调动自己的主动性，培养和提高自身分析和解决问题的能力，要强调"以人为本"的管理模式，提高受教育者的参与程度和自我贡献度。要广开言路，从不同场所和途径接受被教育者的反馈和建议，使他们充分表达内心的感受和看法，并进行总结和整理，不断反思和改进，及时应用到下一阶段的思想政治教育工作中。

以前，思想政治工作一般比较注重学生的外在影响作用，而学生主观能动性的发挥常常被忽视，学生的自我教育没有得到应有的重视和培养。大学是青年对自我意识培养的重要阶段，当自我意识觉醒，并被很好地运用到思想政治学习过程中去，就会大大提高学习效率。因为受教育者想要在主体意识基础上产生高度自觉、自省、自律的思维活动，就必须通过自我教育，这样思想政治教育过程中会显现出很强的针对性和持久性。外因是事物变化的条件，内因是事物变化的根本。在实践中，外部教育和内部教育二者缺一不可，当下更要注重内部教育。传统的教育理念必须要革新和摒弃，要充分认识学生的地位和作用，避免出现高高在上的老旧观念。思想政治教育想要取得最佳效果，必须使受教育者能够充分发挥自我认识、自我激励和自我控制等能力，使受教育者个体的内部自觉行动替代原有的外部教育。

四、加强思想政治教育的创新

一个民族进步的灵魂是创新，思想政治教育的灵魂也是创新。高校思想政治教育工作是根据客观环境的变化所引起的思想变化而进行的，其根本目的是解决存在的矛盾，统一思想，将建设中国特色社会主义的信心牢牢地注入大学生的内心中，并为此而不断努力。我们面对的新情况，是新的全球化形势、深化的改革开放和市场经济发展。只有把新的理念、内涵、途径和方式方法引入思想政治教育中，才能培养大学生的创新意识和创新能力，才能提高思想政治教育的针对性、感召力和号召力。

（一）思想政治教育要力争理念创新

高校思想政治教育只有不断更新观念，大胆创新，与全球化相适应，才能紧跟时代的步伐和人们的思想变化，所以必须实现思想政治教育新理念。

1. 紧跟形势、以人为本

高校思想政治教育是要培养社会主义事业的建设人才，其本质是宣传学生、教育学生、引导学生、提高学生。要紧紧围绕人做文章，全面提高大学生的政治思想素质，牢固树立"以人为本"的思想。实际上就是想学生之所想，急学生之所急，把师生的根本利益作为思想政治教育工作的出发点和落脚点，将学生的需求真正放在首要位置。人的思想观念形成的过程是内外因共同结合的作用，其中外因是客观环境，内因就是自己的心理状态和主观能动性。内外因和思想观念相互作用和影响。在进行思想意识的引导和培养时，思想政治教育切忌忽视受教育者的内在心理状态，这就要结合引导学生和切实服务学生，维护学生健康积极的心理状态，从而解决实际问题。拉近教育主客体之间的关系，消除代沟和隔阂，相互尊重和理解，这样才能调动大学生的积极性，使他们的潜能爆发出来。所以，高校思想政治教育要以大学生的心理为切入点，根据他们的心理特点及心理现象发生、发展和变化的规律，做好他们的思想政治工作，改变传统思想政治教育忽视人的心理特点和规律的状况，这样才能提高高校思想政治教育的科学性和有效性。

2. 博采众长、面向全球

在全球化过程中，越来越严重的全球性问题随着世界的交往而频繁出现，因此高校思想政治教育只有不断充实自己的教育内涵，注重培养受教育者形成广阔的全球观念和世界意识，才能紧跟全球化的步伐，让大学生树立一种从全球利益角度去考虑问题的意识。只有当大学生的思维方式和行为准则具有面向全球化的意识时，他们对待和处理全球问题的道德意识和道德自律才会逐渐形成。

思想政治教育是所有国家解决这些全球问题时都会面对的，同样，我们所得到的也不全是最优秀、最先进的经验和体会。高校思想政治教育要随着时代的发展而发展，随着社会的进步而进步，不断给自己"换血"，不断注入新的活力，在各个层面果断摒弃老旧观点。经济全球化使企业走出国门，向更大规模的跨国企业发展，随之而来的就是企业的理念、人才需求上的变更。因此，要建立完善同现代企业制度相辅相成的新办法、新制度，就需要对思想政治教育工作机制进行创新，把思想教育的优势与现代企业制度所具有的市场机制结合起来。既要继承思想政治教育的优良传统和闪光点，又要勇于创新，吸取新鲜的血液和活力，把思想政治教育的内容、方法和手段不断完善和充实。要把国外现代优秀科学成果和先进管理经验、方法学习和吸收好，把其他行业的先进经验学习好。但是，思想政治教育有自强不息的精神，它和西方的管理制度和经验在本质上是不一样的，这一点不能忘记。比如，把中国的人文精神之长和西方的科学管理之长结合在一起做比较的日本企业，就利用这种取长补短达到了最大效果，这是值得我们去学习和研究的。非常重视德育经验的新加坡，政府为弘扬民族精神和国家意识建立德育目标，全面干预并对德育进行统一指导，不断调整完善德育内容，结合实际，注重实践，紧跟时代的步伐。此外，社会、学校、家庭"三位一体"，相得益彰的德育环境也被大力营造起来。又如，采取一种比较隐蔽的思想政治教育方式的美国和西欧，其学校的学生工作机制为：对学生进行行为管理。在日常活动中，对学生进行职业咨询、心理咨询等，这些做法就是在事实上行使着思想政治教育的职能。它们用结构的科学化、队伍的专家化、工作系统的健全、服务设施的良好等传输实质性的思想政治教育内容，通过一种非思想政治教育的形式进行思想传播，其实都是经过精心组织和严密设计来进行思想政治教育的隐性形式。可见，每个国家都没放松对自己国家学生的思想政治教育，只不过是方式方法上不同罢了。

（二）要力争创新思想政治教育机制

管理制度是思想政治教育内容的一大方面，实施教育的依据一样也是制度和政策。教育管理如果没有一定制度的约束，教育就会缺乏力度。由此可见，提高高校思想政治教育有效性的保证是建立和完善一系列制度和机制。有些制度已经不能满足信息化时代的新要求，已经失去了原本的活力和作用，应当及时地更新和替换，而仍然葆有生机的传统经验应当继续坚持，并不断发扬光大。在思想政治教育中，我们需要用制度来保障我们支持的、提倡的行为，同样要通过制度来加以约束反对的、不提倡的行为。

高校思想政治教育工作是一项完善机制的工作，机制的创新是一个大工程，它需要大量的符合历史发展趋势的数据调研，再结合反复的社会实践，不断探索和改进，一点一滴、从无到有，形成有血有肉的一整套体系制度。高校思想政治教育的改革离不开这样一个漫长的过程。高校思想政治教育工作所要创新的机制，必须符合客观工作规律，还要满足学生的自我完善和发展的要求，建立从内到外、从上到下，各组成部分有机统一的系统制度，这才是思想政治工作的重中之重。这一机制要使思想政治教育工作的号召与政策一致，要为思想政治工作队伍提供有力的政策保证等，如建立有效的组织领导机制、制度保证机制、责任机制、队伍保障机制、激励机制、检查机制、信息工作机制、评价机制和反馈机制等，将思想政治教育工作落到实处，并不断完善这种机制，以此来增强思想政治教育的有效性。

（三）要力争创新思想政治教育的方式方法

思想政治教育由于新时代的到来，处在复杂多变的社会历史环境中，因此高校思想政治教育的关键时刻——转型期已经到了。随着时代、对象、目标的变化，思想政治教育的方法和手段也在变化，我们不能无计划地硬着头皮去解决出现的大量新情况和新问题，要想取得有效成果，就要认真研究思想政治教育在新形势下的特点和规律，寻找新出路、探索新办法、创造新经验，在发展中探索、在继承中创新。

高校思想政治教育工作一定要结合时代精神、社会背景，符合党中央的要求和群众实际情况，在继承传统的基础上不断探索新方法，努力将理性教育与感性教育、静态教育与动态教育、思想教育与解决实际问题、外部教育与自我教育、教育与管理等紧密结合，充分将全球化背景下思想政治教育应具有的民主平等性、动态交互性、开放性等特性展示出来。

无凭无据，空想是得不到有效的思想政治教育方法的，只有结合实践总结研究才能得出。社会成员的组织形式随着全球化的发展越来越多样化，而且接受思想政治教育人群的需求不是传统的思想政治教育运作模式能满足的，内容传递多样化所带来的问题得不到解决。因此，与全球化时代相适应的思想政治教育的有效举措，是拓展社会化思想政治教育模式及构建新的网络化思想政治教育模式。

1. 拓展社会化教育模式

封闭式是我国传统思想政治教育的运作模式的特点，对其成员进行思想政治教育的一般是单位内部，根据本单位的具体情况设置具体的教育方式，并没有扩展到全社会，许多没有组织的人就这样得不到教育，接受过思想政治教育的人离开单位走向社会后，不适应的情况和困惑的问题也得不到解决，其主要原因有以下几方面。

第一，传统思想政治教育的运作模式在全球化时代市场经济下不能满足人们对思想政治教育的渴求，没有让许多人走进思想政治教育中。也就是说，越发突出的难题是思想政治教育的全员覆盖性，备受争议的是思想政治教育的有效性。因此，只有充分调动社会的力量，建立相关的组织，利用社会传媒的优势，走社会化教育模式的途径，我们才能强有力地解决影响思想政治教育有效性的新问题。

第二，思想政治教育对象厌倦传统思想政治教育的单一、呆板，因此教育对象受到的教育全面性、深刻性不够。思想政治教育对人们的创新精神和深入社会的实践能力在全球化时代的市场经济条件下要求越来越高，思想政治教育需要适应时代的变化，采用不同形式的社会教育方式，着重培养人们创新开拓的精神和社会实践的能力。社会实践这一教育环节还需要我们特别重视通过不同的社会活动作为载体深入改革开放的具体内容，带动各个领域的广大群众，掌握最新资料，了解社会实情，加深对思想政治教育新内容的认识，不断增强思想政治教育的针对性和有效性。

2.创建网络化教育模式

传统的思想政治教育方式已经不能适应这个时代的发展了，特别是互联网的存在，其隐蔽性和高度自由性为思想政治工作的开展提供了便利条件，也提出了更新、更高的要求。因此，在传承和继续坚持传统的优秀做法之外，还要锐意进取，不断探索思想政治教育工作的内涵和方式方法。

信息、网络建设在高校思想政治教育工作中占据了十分重要的地位，年轻的大学生们已逐渐丧失了对传统的垂直化思想政治教育运作模式的信赖，其效力处于减弱的状态。只有将垂直化思想政治教育运作模式转化为网络化思想政治教育模式，才能增强高校思想政治教育的有效性，这样可以给横向维度的思想政治教育内容增加传递的渠道，使纵向维度的思想政治教育内容传递渠道的缺陷得到弥补。具体地说：第一，加强信息的思想安全和政治安全保障。第二，拓宽思想政治教育的覆盖面积，特别是利用网络形成自己的思想政治教育传播体系。第三，利用互联网，构建中国主流价值观和思想体系的平台。第四，加强对思想政治教育者队伍的建设，组建一支创新意识强的思想政治教育者队伍，成为新时期高校思想政治教育的专家队伍。占领网络地位的最高点，最终把高校思想政治教育带上信息化、现代化道路。

总而言之，党、人、思想是思想政治教育的关键。我们相信处于全球化信息网络化时代的新时期高校思想政治教育，通过对社会热点、难点的分析和把握，不断探求真理，不放松改革和创新的步伐，一定能够在党的领导下，在众多思想政治教育者的共同努力下得到进一步改进和加强，取得更大的效果，自始至终保持思想政治工作"生命线"的生机和活力。①

---

① 吕康辉.全球化背景下的思想政治教育有效性研究[D].福州：福建师范大学，2002.

第五章　新时代解决我国高校思想政治教育问题的原则与依据

以上讨论了有关新时代思想政治教育的一系列问题，根本目的是把新的社会历史背景下高校思想政治教育实践的时代性充分展示出来，所以，我们应该把视线转移到如何将思想政治教育时代性展现并提高这个实际问题上来。这样看来，解决目前新时代高校面临的问题成为制定并且提升新时代高校思想政治教育的基本原则。

第一节　新时代解决我国高校思想政治教育问题的原则

一、高校思想政治教育的时代性原则

教育时代性原则是思想政治教育的根本性原则，前者始终贯穿于后者，是对实事求是原则和理论联系实际原则的时代性回应，它对思想政治教育提出了要求，即要顺应时代潮流，反映时代特点，掌握时代脉搏，回应时代要求，将"时代特色"充分体现出来。依据2013年8月习近平总书记在全国宣传工作会议上的重要讲话精神，可以归纳出教育时代性的本质要求是胸怀大局、把握大势、着眼大事，找准工作切入点和着力点，做到因势而谋、应势而动、顺势而为。换句话说，思想政治教育在思想上要有"三大"观，即大局观、大势观、大事观；思想政治教育在行为上要有"三势"，即因势而谋、应势而动、顺势而为。高校思想政治教育工作要遵循时代性原则，需要适应以下三点要求。

（一）明确高校思想政治教育的时代性地位

目前，高校对大学生进行的思想政治教育工作，既面临着改革建设，如全面

建成小康社会、全面深化改革、全面依法治国、全面从严治党的战略任务，又面临着严峻的考验，如意识形态领域尖锐复杂斗争的考验，还面临着良好的机遇，如实现"中国梦"的难得机遇。大学生群体的思想观念多样化，所以，为了增强高校思想政治教育的时代性，一定要让大学生思想政治教育与现代社会的发展新形势相结合，做到求真务实。

（二）提升高校思想政治教育的时代性

高校根据大学生思想政治教育工作的目标任务、方针原则、内容要求和方法手段等对学生进行思想政治教育工作，需要紧跟时代的步伐，顺应时代的潮流，满足学生的需求，准确把握学生的思想。面向全球化，高校思想政治教育要牢牢把握学生的心理动态和现状，不断自我完善和革新，拓宽工作开展的渠道，充实教育内涵，最大限度地发挥教育的隐性作用。

（三）努力做到"三真"

习近平总书记曾经说过："思想政治教育的力量在于'真'——用真理说服人、用真情感染人、用真实打动人。"高校思想政治教育也应做到这一点。具体来讲主要包括以下两个方面：第一，在思想上，高校思想教育工作者应努力追求真理，不断总结经验教训，形成理论，不盲目地信任书本，从实际出发，不搞虚假工作和面子工程，不搞形式主义。第二，在行动上，高校思想教育工作者要具体把握每一个学生的特点和心理状态，结合社会不断产生的热点和关注点，适当调整教育内容、方式与方法手段，有针对性、目的性地开展思想政治教育工作。在大学生这个群体中，每个学生有不同的特点，有自己独特的思想，想要对他们进行思想政治教育，只有求真务实，真正将教育工作落到实处，才能取得实效。

二、高校思想政治教育的创新性原则

想提高高校思想政治教育的时代性，高校思想教育工作者必须要有创新精神，需要把时代性与创新性统一结合。江泽民同志在1995年在全国科学技术大会上指出："创新是一个民族进步的灵魂，是国家兴旺发达的不竭动力。"社会主义核心价值体系中提到，要具有改革创新的时代精神。具有创新精神，既是时代的需要和灵魂，也是思想政治教育具有时代性以及能够发挥重要作用的原因之一。

随着全球化趋势越来越突出，科技的进步越来越明显，我国的经济体制发生了转变，经济增长方式和社会结构也逐步转型，在这样复杂的背景下，理论和实践的创新是一个艰巨的任务，这就给我们提出了要求，即不断进行理论创新，与时俱进，

新时代高校思想政治教育面临的问题及解决路径探析

用理论创新带动实践创新,为高校思想政治教育注入新的生机和活力。将思想政治教育的时代性和创新性相统一,创新它的目的、内容和方法。只有目的、内容和方法都具有创新性,才能使思想政治教育的时代性发挥出最大功效。

创新是对以前思想的突破和对过去实践的超越,是人们在认识和改造世界的过程中产生的,是人类社会进步的核心动力和不竭源泉,也是时代的本质特征。在2014年6月中国科学院和中国工程院的大会上,习近平总书记引用古语"苟日新,日日新,又日新"(《礼记·大学》),赋予了创新更深层次的含义,并对"不日新者必日退"加以拓展,给予创新一个重大的时代使命:"创新,就像撬动地球的杠杆,总能创造令人意想不到的奇迹。"所以,"历史的机遇往往稍纵即逝,我们正面对着推进科技创新的重要历史使命,机不可失,时不再来,我们要紧紧抓住"。思想政治教育工作同样如此,以提升人的德行为宗旨是思想政治教育的目的,要把培养人的创造能力作为思想政治教育的一个目标,通过学生的实践活动,调动学生的积极性,不断去探索新的工作方法方式。创新不是不继承,而是要在继承中创新。只有创新才能给社会建设注入活力,才能推动社会的不断进步和发展。习近平总书记多次强调思想政治工作"比以往任何时候都更加需要创新",无论在内容上还是形式上,过去不代表现在,现在也不能决定未来,只要不断创新,一切都可能成为现实。因此,要"有敢为人先的锐气,有上下求索的执着,得风气之先、开风气之先,力争有所突破、有所发展、有所建树"。

高校思想政治教育工作遇到了许多新课题和难得的机遇,这需要我们以创新的思维和眼光迎接它们。创新高校思想政治教育工作的教育方法和教学内容,既是时代的需要,又是广大学生的心声。我们应该积极创新思想政治教育思维理念、运行模式、内容要求和方法手段,重点要抓好理念创新、手段创新、基层工作创新,来提高高校大学生思想政治教育民主化、法治化、科学化、信息化的水平,形成宽领域、全方位的工作格局,与时俱进,改旧纳新,在创新中体现思想政治工作的现代性。

随着改革开放的深入和信息化时代的发展,面对多元的文化和制度的碰撞,我们要保持清醒,坚定自己的步伐,坚持制度自信、理论自信和道路自信,才能永葆社会主义强大的生命力和活力。要进行高校思想政治教育的创新,就要实现五个转变。第一,指导思想上,高校思想政治教育工作者要摒弃自我为中心的高高在上的态度,做好服务者的定位,使高校思想政治教育为经济建设和社会发展站好岗,尽到责。第二,在教育内容上,高校思想政治教育工作者要转变单一的教学方式和途径,不断拓宽渠道,改进教学方法,使教学、科研、各项业务工作一同完成。第三,在运行体制上,高校思想政治教育工作者要转变过去行政硬约束,建立思想政治教育专兼结合、党政工团齐抓共管、功能互补、一体化的运行机制。第四，在教育的方法上，要转变过去单向教育，采取更加多样的教育方法。第五，在教育形式上，要转变过去"一刀切""一锅煮"的做法，要做到因材施教、对症下药，从学生的需求和实际问题出发。高校思想政治教育工作者只有做好以上几个方面的工作，才能将高校思想政治教育工作全面升级，从更高层次上开展工作。

三、高校思想政治教育的发展性原则

"明者因时而变，知者随事而制。"这是习近平总书记反复引用的一句话，意思是说我们要保持灵活的头脑，不断发现和把握新的发展动态和历史机遇，并且具体细致地实现自我的完善和发展。这句话也表明了高校思想政治教育应当坚持的工作方针和原则，即要不断发展自我。发展性是对时代性的最佳诠释，在唯物辩证法角度看来，它是指事物由小到大、由简到繁、由低级到高级的运动变化过程，是事物内部矛盾运动的结果，是量变和质变的统一。它要求我们紧跟时代步伐，眼光紧贴社会发展的局势，牢牢把握事物的新动态。发展是社会性的，它与和平、人权、民主管理、环境、文化和人们的生活方式有密切联系。高校思想政治教育的发展性原则，对实现高校大学生思想政治教育现代化具有重要意义，它要求在思想政治教育的各环节和各方面都适应现代社会和人的发展需要，使其从传统走向现代，甚至更深处。

思想政治教育是一门具有实践性、社会性和发展性的学科和实践活动，随着时代的发展，思想政治教育也在全方位地发生着深刻的变革。高校大学生思想政治教育和其他德育实践是不同的，它具有独特的发展特点，所以要用全面、联系、发展、变化的观点去剖析。对高校大学生的思想政治教育工作来说，时代的变化是通过发展性表现出来的，所处的时代不同，教育对象、理念、内容、方法、载体、评价、效果都会相应地发生改变，因此必须谨慎分析和认真对待。

综上所述，只有深入剖析当今世界的发展态势，才能把握住其本质和变化的趋势，才能随机应变，机动灵活，使教育不落后于时代步伐，思想跟上形势。高校在对大学生进行思想政治教育工作时，要抓住这一工作原则，遵循客观规律，把思想政治教育的艰巨任务妥善、有效地完成好，将"动态"变为"常态"，脚踏实地，面向未来。

四、高校思想政治教育的开放性原则

在全球化背景下，高校思想政治教育需要顺应时代发展的潮流，将时代性和开放性结合在一起。和平与发展是当今开放性世界的时代主题，在这种大趋势的作用下，中国的发展出现了政治多元化、经济全球化、文化多元化、信息网络化等态势。因此，高校思想政治教育要吸收和借鉴国外的成功经验和做法，同时立足国内，放眼全球，比较思想政治教育的共同点，在多元文化背景下深入挖掘思想政治教育的时代性要素。

在中国加入世界贸易组织（WTO），全球化演变越来越激烈的大背景下，高校思想政治教育工作产生了新问题、新情况，必须坚持和贯彻面向现代化、面向世界、面向未来这三个"面向"，即从内容和形式上实现自身的现代化，使思想政治工作面向现代化。

在全球化趋势的推动下，人民群众的日常生活、思维模式和生存方式正在改变。面对繁杂丰富的社会生活，高校思想政治教育工作需要顺应世界潮流，把握时代要求，从内容和形式上实现现代化，而不能只停留在原有的比较简单的层次上。在方式方法上，运用科技手段改进思想政治工作，使其能够主动适应当今世界科技，依靠现代科学技术充分发展自己，促进自身成长。中国的生产和消费、社会和生活，在一定程度上会被加速发展的全球化所影响。正所谓："社会存在决定社会意识。"人们思想观念的发展变化与经济、政治、文化全球化相伴。只有"面向世界""睁开眼睛看世界"，高校思想政治工作才能在大学生的意识观念领域植入应对因全球化和加入WTO所带来的发展变化的思想，才能把握时机充分发挥思想政治工作"生命线"的重要作用，为经济和其他一切有针对性的工作带来实际效果。这就要求高校思想政治教育工作要放眼世界，善于弃旧纳新，在继承优良传统的基础上，确定"以人为本"的新原则，抓住工作对象的时代本质，探索适应新形势的新方法、新渠道、新途径、新理论。需要注意的是，高校思想政治教育工作者在面向世界的同时，一定要立足我国国情，以广大青年学生的心理接受能力、心理状态、习惯风俗为根本出发点，否则将会使大学生的内心世界失去方向，违背"面向世界"的良好初衷，也会使他们的思想观念处于一种彷徨混乱的状态。

受"全球化"和"入世"的影响，大学生的思想观念和心理意识变得更加复杂且活跃，不容易把握引导。在这种形势下，高校思想政治教育工作既要立足于现实，又要着眼于未来，一定要发挥其前瞻性和预防保障的功能，从战略高度充分掌握主动权。高校思想政治教育工作要培养"四有"合格人才，为经济建设和社会发展服务，就必须立足现实，加强对理论的研究和探索，增强预见性和前瞻性，充分发挥预测功能和导向功能，如此才能更有效地为抢占未来领域和战略制高点服务，更好地着眼未来。那么，如何使高校思想政治教育工作尽快实现从经验走向科学的转轨呢？高校思想政治工作者要真正把思想政治教育工作当成一门科学，全方位地探索其基本概念、原理、范畴、规律等，改变被动盲目的不良工作状态，去除工作中那些针对性不强、效果不明显的部分。总的来说，高校思想政治教育工作要坚持和贯彻三个"面向"，唱响主旋律，对"全球化"和"入世"所带来的机遇和挑战积极应对，打好主动仗，充分发挥自身"生命线"作用，推动做好其他一切工作。

五、高校思想政治教育传统与现实相结合的原则

思想政治教育必须立足国情。由于国家之间的交流日益频繁，经济全球化的趋势不断加强，社会上的一切优秀成果都可以被吸收和借鉴。但是，在开放的前提下，思想政治教育时代性必须和民族性结合起来，继承和发扬具有中国特色的民族文化。

对外开放、不断创新、坚持民族特色，是坚持高校思想政治教育时代性的前提条件。在思想政治教育过程中，在始终坚持我国的民族精神，认识到民族的也是世界的，将继承和借鉴之间的关系处理好，立足传统的同时，放眼长远，如此才能切实体现思想政治教育时代性的意义和价值。

时代性和现实性相统一的特点是思想政治教育时代性发展的意义所在。高校思想政治教育的时代性帮助大学生实现思想认识上的飞跃，是通过贴近实际，一切从实际出发得以实现的，并通过社会实践来检验思想政治教育时代性的实际效果。高校思想政治教育时代性要切实贴近生活，才不会在实际工作中脱离实际，只有贴近生活、反映生活，充分发挥求真务实的优良作风，才可以更好地服务于生活。高校学生是思想政治教育时代性的重要主体之一，要实现人民的根本利益，高校思想政治教育时代性必须贴近大学生群体，尊重他们的主体地位，促进他们的全面发展。邓小平同志曾说："我们说的做的能不能解决问题，问题解决得是不是正确，关键在于我们是否能够理论联系实际，是否善于总结经验，针对客观现实，采取实事求是的态度，一切从实际出发。"坚持理论联系实际是高校思想政治教育工作的精髓所在，同时需要注意分析各种现实提出的、直接影响人们思想认识的问题，并开展有针对性的思想政治教育工作。发展生产力是社会主义的根本任务，因此高校思想政治教育要认识当前经济建设是全国全党各项工作的中心这个事实，思想政治教育不能单独进行，必须面向经济建设，并服从和服务于这个中心，共同完成各项工作。要在适应经济形势和政治形势的要求的同时，营造一个良好的思想观念环境，帮助调整工作，推进经济工作的顺利进行。邓小平同志强调："马克思主义的思想理论工作是不能离开现实政治的。不能设想，离开政治的大局，不研究政治的大局，不估计革命斗争的实际发展，能成为一个马

克思主义的思想家、理论家。"[1] 要更好地进行共产主义思想教育、爱国主义教育和理想纪律教育，需要在实践中让广大大学生群体体会到党和社会主义好，这样才会产生很好的效果。

共产党人最基本的思想和工作方法是实事求是、坚持理论联系实际的原则，因此高校思想政治教育中必须体现这个基本方法，具体要把握以下几点。

第一，高校思想政治教育的基本要求和目标要从现实的研究中确立，要确定好每个时期所需要解决的问题是什么。在这里特别要指出的是，把解决思想问题与解决实际困难，在进行思想教育工作过程中结合起来，尽最大努力为大学生群体办些实事。邓小平同志指出："社会主义本身是共产主义的初级阶段，而我们中国又处在社会主义的初级阶段，就是不发达的阶段。一切都要从这个实际出发，根据这个实际来制订规划。"所以，我们要正确认识大学生思想观念在现阶段受到各种客观现实因素的影响，正确处理思想政治教育层次性与先进性的关系。

第二，高校思想政治教育开展的依据是教育活动所针对的具体对象、所处的具体条件，要根据每个学生的实际情况有针对性地去做思想工作。

第三，高校思想政治教育必须符合实际内容。正如邓小平同志指出："宣传好的典型时，一定要讲清楚他们是在什么条件下，怎样根据自己的情况搞起来的，不能把他们说得什么都好，什么问题都解决了，更不能要求别的地方不顾自己的条件生搬硬套。"

第四，在思想政治教育的方式方法上不要搞形式主义。邓小平同志说："现在有一个问题，就是形式主义多。""要腾出时间来，多办实事，多做少说。"不要讲空话、说长话，做工作不能只停留在会议上，重复内容，这是我们新时期思想政治工作、实际工作的新发展和指南针。

综合来看，我们开展高校思想政治教育必须坚持的基本原则是结合我国加入世界贸易组织（WTO）的实际情况来确立的。WTO 的基本原则是公平交易、非歧视性、透明度。这些原则是建立在信用基础上的全球化规则本质，对道德人格蕴含着更深层次的要求。在国际竞争中，信用是具有竞争资格的前提条件。世界贸易不是投机和假冒伪劣的经济，而是诚实信用的经济，是道德的经济。要想在国际市场上立足，先要有道德观念，没有道德观念，就等同于自我灭亡。人格是人在社会中的外在表现，在社会化过程中逐渐成熟，是个人的思考和行为方式。市场经济条件下道德教育的内容中增加了关于人格的教育，加入了关于现代人格行为的培养，即加强创新、独立、诚信、自律和敬业等，同时提倡友谊、勇气、

---

[1] 邓小平. 邓小平文选[M]. 北京：人民出版社，1994.

同情、责任等多种我国优秀文化传统中的人格行为，这些是青年学生待人处世、自我约束、安身立命必须学习掌握的，是适应经济全球化挑战的重要方面。

无论如何，高校思想政治教育工作的时代性必须与其传统性、现实性相统一，高校对大学生进行思想政治教育工作的真正价值所在是贴近生活、贴近实际、贴近群众、求真务实。

六、高校思想政治教育的整体性原则

历史唯物主义认为，事物是普遍联系和发展的，其内部各要素之和可以形成合力，优化发展的进程，用马克思的话来说就是："许多人协作，许多力量结合为一个总的力量，就造成'新的力量'，这种力量和它的一个个力量的总和有本质差别。"

系统论认为，事物是由相互作用的许多要素按一定结构组成的具有特殊功能的系统，其整体功能大于各部分功能之和的最高限度。因此，系统天然具有整体性、综合性、结构性、层次性和开放性等优点，应该加以利用，尤其是其方法论具有总和最大公约数的价值，凸显了整体性的优势。无论是马克思主义还是系统论，都非常重视整体性的价值和方法论意义。习近平总书记也强调用整体性原则来治国理政，他指出："中国这么大的国家怎么治理呢？了解中国切忌'盲人摸象'。"治理现代化如果缺乏系统性，就会导致政策之间相互打架，工作不协调不衔接，"决策一出台，问题跟着来。""按下葫芦浮起瓢。"鉴于此，"我们既要注重总体谋划，又要注重牵住'牛鼻子'。在任何工作中，我们既要讲两点论，又要讲重点论，没有主次，不加区别，眉毛胡子一把抓，是做不好工作的。"

由教育目标、教育观念、教育方法、教育内容、教育载体、教育对象、教育评估等多个子要素构成的思想政治教育系统，是一个完整的系统，其遵循人本性、民族性、公民性、阶级性和职业性，主要实施政治教育、心理教育、思想教育、法治教育、道德教育、信仰教育等教育内容。在系统论看来，思想政治教育不是孤独的系统，还要与其他系统合作，才能更好地实现教育的功能，如与德、体、美、劳等其他学科互补发展，运用家庭、政府、社会、学校等各种教育力量，形成教育合力，实现教育效果共赢。

系统论和整体性原则有助于整合高校思想政治教育中的多项资源，如整合人性资源、权力资源、权利资源、角色资源等，以期努力寻找它们的最大公约数，寻求破解高校思想政治教育困境之道。在实施路径上，要努力构建大教育格局，把理论学习、思想教育、舆论宣传、文化熏陶、典型引导和社会实践统一起来，把虚拟空间与现实生活对接起来，营造处处是课堂、时时受教育的氛围。这种"大教育格局"的实质是"整体性"的教育时空观,哪里有问题哪里就有教育,教育随时会出现,要多维联动、立体集成、整体奏效。①

第二节　新时代解决我国高校思想政治教育问题的理论依据

我们需要着重研究的问题是新时代高校思想政治教育的问题,从一定程度上说,高校思想政治教育时代性和其存在的重要性是一致的。作为一个具有重要现实意义和理论价值的课题,新时代高校思想政治教育面临的问题涉及面广、涵盖学科多,可从哲学、行政学、政治学、教育学、伦理学和行为科学等学科的学理建构上去探究其理论溯源。

一、哲学依据

哲学成为人文社会科学的奠基性学科是因为其探究事物本质的根源性意义,哲学因其全部积极成果而成为时代精神的精华,它与时代的现实生活保持联系是通过一种批判和革命的态度,而其获得发展的动力源于回答了时代的重大问题。

第一,社会意识的唯物观由"现实生活"的社会存在决定,而"现实生活"的社会存在是时代性的本质,这种社会存在是特定丰富的内涵和形式的必然性,而不是历史阶段中偶然性的产物。作为历史唯物主义的根本问题——社会存在决定社会意识将成为时代性的基础,并且社会意识或快或慢的改变是由社会存在的改变所导致的。马克思指出:"人们自己创造自己的历史,但是他们并不是随心所欲地创造,并不是在他们自己选定的条件下创造,而是在直接碰到的、既定的、从过去继承下来的条件下创造。"②

可见,高校思想政治教育的活水源泉流动在时代性的现实生活和实践活动中,高校进行思想政治教育的生命线是时代性,开展德育实践和破解德育中的困境应当立足于时代性。

第二,认识论以时代性的实践为基础和变化条件。在马克思看来,认识论的基础和变化条件是由时代性的实践构成的。当人们的生活条件、社会存在、社会关系发生改变时,人们的观点、意识、观念和概念必将发生改变。可见,不同时代人们的生活条件、社会存在、社会关系的差异性决定了人们的思想观念不同。

---

① 吕康辉. 全球化背景下的思想政治教育有效性研究 [D]. 福州:福建师范大学,2002.
② 中央编译局. 马克思恩格斯选集(第 1 卷) [M]. 北京:人民出版社,1995.

第三，高校进行思想政治教育是以"现实的人"作为逻辑起点的。马克思对人本质的探讨是睿智和精到的，人的本质并不是单个人所固有的抽象物，其现实性是一切社会关系的总和。高校所进行的思想政治教育本质上是培育人和塑造人思想品德的实践活动，其逻辑起点在于大学生这类"现实的人"。只有置身于具体现实的一定时代和由全部社会关系构建的生活世界中，才能真正理解大学生的所需所缺和所思所想，才能有的放矢地对他们开展思想政治工作。

第四，坚持具体问题具体分析的时代性方法论。时代性为一切认识论提供了方法论的意义，我们要在时代的条件下进行认识，这些条件达到什么程度，我们便认识到什么程度。

二、政治学依据

政治学是高校思想政治教育时代性研究的一个重要理论来源。政治学是一门实践性学科，国家学说、政治权力理论、政治制度及政治运行机制等政治现象是其主要研究对象。政治学的根本特色和基本原则是时代性。列宁曾说："马克思主义的政策是以现实的东西为依据，而不是以可能的东西为依据，马克思的方法先是考虑具体时间，具体环境中的历史过程的客观内容。"

由此可见，时代性是政治学的理论和实践根基。政治学之所以有生命力是因为其没有失去时代性的现实语境。政治多极化、民主法治化、包容个性化的趋势，在如今这个全球化、现代化和信息网络化的世界图景中越来越明显，与本国发展相适应的政治制度与政治运行机制成为世界各国都在寻求的对象，政治体制改革的呼声一直都存在。中国政治现代化的进程在新的政策下逐渐加快，党的十八大为国家治理现代化规划了新的蓝图，党的十八届三中全会提出了制度建设的内容，党的四中全会提出了以法治建设为标杆和旗帜，提出了高压反腐和治吏的突破思路。逐渐发生改变的政治生态给各高校带来了新的机遇和挑战，如何加强大学生思想政治教育的工作成了重要课题。在政治新生态下，高校大学生是未来治理国家的栋梁之材和社会精英，他们的所思所想、所喜所忧不仅关乎大学生自身，更关系到国家政治发展和社会的全面进步能否顺利进行。具有道高尚德、规范行为、"去腐败污点"的治国安邦之才是国家发展急需的人才。因此，如何培育他们应该作为高校对大学生进行思想政治教育工作的根本宗旨及当代中国政治学的重要目标。可见，想要为高校大学生思想政治教育提供强有力的问题域和理论背景资源，必须加强政治学时代性的研究。

三、教育学依据

教育"面向和回归生活世界"的理论为大学生思想政治教育的理论和实践提供了重要的指导思想和借鉴意义。近现代以来，教育学日益走向专业化、规范化、学科化的同时，也逐渐出现了困境，导致了"四分离"，即理论教育和实践教育的分离、工具理性和价值理性的分离、知性教育和德行教育的分离、科学教育和人文教育的分离。"面向和回归生活世界"的教育学思想正是基于这样的时代背景而成为人们的普遍共识。"生活世界"理论源自马克思、胡塞尔、哈贝马斯、海德格尔等哲学家的学说，认为社会和人的一切观念及行为的现实根基与意义之源在于生活世界，因此人应当回到生活世界去思考生活和摆脱困境。"生活世界"哲学思想对于破解陷入困境的教育学恰逢其时地提供了生机和解决思路。斯宾塞提出了"教育要为儿童充满未来的生活做准备"；杜威以此为理论资源提出了"教育即生活"理论，强调从生活来看教育，把教育放置于现实、客观的生活之中；我国著名教育家陶行知更进一步提出了"生活即教育"思想，主张"生活教育""社会即学校""教学做合一"。可以说，思想政治教育学是教育学的一个分支，"面向和回归生活世界"的教育学思想也对其产生了重大影响，尤其对于如何从根源上反思和革除德育诟病提供了重要的建设性意义。时代性承载和规定着现实中客观的生活世界，谨记立足于鲜活时代的生活世界去看待高校大学生思想政治教育实践的内容和形式，是高校对大学生进行思想政治教育的源头活水。

四、伦理学依据

伦理学是一门道德学，是研究道德的现象、本质、规律和作用机制的学科。个人的道德行为和社会的伦理风尚是其主要研究范畴。道德是一种精神，但它不是一般的精神，而是一种特殊的精神，它的特殊性就存在于实践性。道德的这种特殊实践性以道德完善的"自律"为根本目标，这种"自律"既烙上了不同时代中不同道德标准的深刻印记，又受到"他律"的时代性中不同时代的社会舆论对个人道德和社会伦理强烈的导引性影响。因此，时代性背景成了伦理学的基本研究框架及高校思想政治教育面临的时代性问题的研究起点和重要原则。大学生作为祖国未来的建设人才，其一言一行都关乎着国家和政府形象，其道德水平在很大程度上影响着整个社会的道德水平，其"未来建设者"角色的特殊性对其提出了道德伦理方面的特殊要求，即做一个克己奉公的公德典范人。大学生不仅要遵守基本的时代性公民道德，更要恪守时代性的职业操守，提升自身道德品质和修养，克服个体自利性与政府公益性，在角色、权力和利益三方面的时代性冲突中，以身作则、服务人民、示范公众。

思想政治教育学与伦理学既有联系又有区别，思想政治教育学是研究人的思想、道德、心理的学科，道德教育就是其重要内容之一。因此，可以把思想政治教育视为"教化为人"之学，把伦理学视为"为人之德"之学。显而易见，高校思想政治教育时代性的问题研究中，道德的伦理学研究和思想政治教育的研究具有很强的关联性和相似度，当然也存在差异，在侧重点研究、研究内容、研究路径上有各自的特色，可以互相借鉴和取长补短。毋庸置疑的是，时代性是它们共同的理论和实践起点、共同的问题域和共同的背景资源，应当给予特别重视。①

第三节　新时代解决我国高校思想政治教育问题的实践依据

作为一项社会意识活动，思想政治教育是很复杂的，不仅需要遵循特定的运行规律，还需要在具体实践中把握一定的规律。高校思想政治教育其本身在运动过程中具有特定的内在而本质的必然联系，只有在活动中把握其固有的规律性，才有助于提高高校思想政治教育的科学性和实效性。由于受到人们的认知水平和高校思想政治教育现实性的影响，高校在对大学生进行思想政治教育工作时，应着重把握当代大学生思想的特点，着重按照其本身的特殊性和思想发展的规律性对其进行教育，以便更好地达到思想政治教育的目的。新时代下高校思想政治教育的实践依据主要是当代大学生的思想特点，可以分为以下三个方面。

一、当代大学生身心发展的特点

大学时期是学生逐步形成世界观、人生观、价值观及身心急速发展的重要时期。他们在生理上身体迅速发育，神经系统及大脑较快发展，其智力、记忆力、观察力、理解力、想象力充分形成并且迅速增长，具有好奇心强、情感丰富、兴趣广及自我意识和独立意向不断增强的特点。但是，由于青年学生的知与不知、积极与消极因素的交错并存，其思想认识尚处于辨别力较低的阶段。同时，大学生是青年中的一群特殊群体，在不同时期对应着不同的思想发展阶段。刚入学时，大学生还在逐步适应从中学生到大学生的转变，对于他们而言，美好的大学生活刚刚开始，他们更为关注大学生活有哪些特点和规律，大学生成才标准是什么等；从大二到大三时，大学生的思想开始逐步稳定定型，他们开始集中精力去学习和

---

① 杨海龙. 公务员思想政治教育时代性研究 [D]. 北京：中国地质大学，2015.

塑造自我，开始了自我的全面发展；大四是大学生做好走向社会的心理准备时期，同时是他们大学生活快要结束的时期，此时他们的关注点在于是否可以毕业分配，能否找到理想的工作和单位。

二、当代大学生思想品德特点

大学生的情、知、信、意、行等因素辩证发展的过程就是他们政治思想和品德形成的重要过程。人在形成政治思想、品德的过程中，必须包括知、情、意、信、行等因素。也就是说，必须去认知接纳正确的观点、意识及道德规范，从而形成人特有的情感。在这种情感、意志、认识、信念和行为的发展过程中，他们经历了从简单到复杂、低级到高级、旧质到新质的辩证运动。若要形成正确的政治思想和品德，必须经历多层次且复杂的发展过程，要知道知、情、意、信、行这些因素在发展过程中充满了矛盾的变化，并且会出现不一致的发展方向、高低不等的发展水平。这些因素使不同的人对同样的思想政治教育的内容、过程具有明显的选择性和倾向性，这与受教育者不同的个性、家庭背景的差异及所处多样的社区环境等因素直接相关。

三、大学生思想内部矛盾的运动和转化特点

大学生品德在形成、发展过程中，既不是进行简单塑造，也不是被动改造，而是在学生思想内部借助一定的条件引导一系列矛盾的运动向着正确的方向进行转化的过程。大学生思想品德的形成和发展的实质在于教育者是否能精心组织、培养和指引，能否通过教育者的指引使大学生思想品德内部展开积极的斗争，并且朝着教育者指引的方向前进。大学生在思想品德形成发展的过程中，其内部矛盾表现在多方面：一是大学生在接受教育时，积极主动与消极被动之间的矛盾；二是大学生认知水平高与认识水平低之间的矛盾；三是大学生思想品德中优良的品质与不良品质之间的矛盾；四是学生各心理要素之间发展水平不平衡的矛盾。虽然大学生的矛盾是一种普遍存在的现象，但在不同的条件和背景下及不同的大学生身上，矛盾又具有各自的特殊性。我们如果在高校思想政治教育过程中准确把握不同学生之间的特点，便能正确引导大学生思想政治观念向着正确的方向转化。[1]

---

[1] 陈传林. 试论高校思想政治教育的时代性、规律性和创造性 [J]. 福建医科大学学报（社会科学版），2004(2).

第六章　新时代解决我国高校思想政治教育问题的工作机制

"机制"这一概念原指有机体通过各个部分的构造，各要素之间相互作用、互相联系制约的形式，使各要素之间能够有需配合，从而实现整体功能的运行方式和运动原理。高校思想政治教育机制是指基于大学生思想政治教育系统内部各方面因素之间相互作用、相互制约、相互联系的联结方式而构建起来的工作体制。高校思想政治教育机制是个较为复杂、目前研究较为肤浅和混乱的问题。因此，研究和正确制定高校思想政治教育的机制，是我们系统研究大学生思想政治教育的重要问题，尤其是研究如何提高大学生思想政治教育的效能问题，是当前解决新时代下我国高校思想政治教育问题的必要机制。

第一节　加强大学生思想政治教育保障机制

高校思想政治教育系统能否有效运行，依赖于完善的保障机制。保障机制，简单地说，是保证工作可以正常、有序进行的首要条件。高校思想政治教育保障机制的建立，重点分为物质保障、组织保障、人力保障。

一、物质保障

高校思想政治教育工作的物质保障是指实施教育所必需的物质条件，具体包括基本建设、经费投入和活动基地建设等。

（一）基本建设

推进高校思想政治教育工作必须依托一定的场所、设备和设施。

第一，高校思想政治教育工作的开展需要固定的办公场所。在影响大学生价值观念教育的因素越来越多、需要单独进行思想交流的学生越来越多的今天，学生工作中新增加的心理辅导职能、就业指导职能等，需要有专门的办公场所。

第二，开展高校思想政治教育需要必要的办公用品。新形势下的高校思想政治教育形式越来越丰富，既有传统的互动性不够强的讲座报告，也有丰富多彩的参观访问、观看电影录像，还有各种各样的社会实践活动和社团活动。因此，除了必要的办公场所及办公所需的电脑、打印机外，还应配备照相机、摄像机等音像器材设备，以增强教育活动的趣味性和实效性，便于资料的存档备查。

第三，高校思想政治教育的开展，需要合适的教育活动场地。高校思想政治教育是与各种各样的活动结合在一起的，既需要各种规模的会议室、报告厅用来举行座谈、讲座、报告等活动，又需要建设一定的宣传设施和场所，如文化长廊、宣传栏、校报、校园广播站、网络中心等，这对高校大学生思想政治教育工作的开展将会产生巨大的益处。

（二）经费投入

经费开支是高校思想政治教育工作中的必要环节，是大学生培养成本的核算体系中必须纳入的一方面，经费能否得到保障关系着此项工作的成败，关系着各项工作能否达到预期目的。国家财政拨款预算必须合理确定拨款比例，保证高校思想政治教育工作可以正常运行。但从当前情况来看，高校思想政治教育并没有得到充足的经费，导致思想政治教育各项活动的开展受到了制约。从经费来源看，高校不能只依赖国家拨款，还应积极拓宽筹款渠道，适当开源。

另外，我国是实施社会主义制度的国家，社会主义必须为那些出生时经济条件处于劣势的公民创造平等的受教育条件和平等的就业机会，以实现富人与穷人的孩子处于同一起跑线，以保障每个公民处于公平竞争状态。因此，在措施方面，必须打通和建立高校与社会各类慈善资助机构的联系，切实健全和完善大学生助学贷款、奖学金与助学金制度体系。

（三）活动基地建设

在新形势下，高校思想政治教育需要不断创新工作模式。我们应该不断拓宽思想政治教育的渠道，采取多种思想政治教育方法，充分利用各种资源，同时深化思想政治教育的内容，拓展教育实践。

1. 加强社会实践基地建设

当前，大学生最普及的教育方式莫过于社会实践了，大学生通过社会实践教育活动，可以全面提升自身的素质。教育行政部门和高校要建立各种类型的教学科研基地、大学生职业技能和创业能力实训基地、社区活动基地、勤工助学基地等，通过社会实践教育，切实培养大学生的综合素质能力。

2.强化爱国主义教育基地的建设

历史博物馆、红色纪念馆是爱国主义教育基地的主体，可以将历史文化知识展现给大学生，对大学生进行爱国主义、集体主义、社会主义教育。因此，高校可利用节假日和重大历史纪念日组织大学生参观访问爱国主义教育基地，让大学生通过图片、文字、建筑等提高自身思想政治水平及爱国情怀。

3.强化实训及素质拓展基地的建设

进行实训和素质拓展是大学生感兴趣的活动形式之一。通过基地的专业技能、创业能力的实际培训，不仅可以提升学生的实际动手能力，培养其创新意识，还有助于增强学生克服困难的勇气，加强团结合作的精神，提高与人交往的能力。在当前高校注重加强内涵建设的形势下，各级教育行政主管部门应加强与高校的合作，积极建立大学生实训基地，推动大学生思想政治教育工作的进行。

二、组织保障

组织在动态上是指使分散的人或物形成一定的系统性和整体性的过程，在静态上是指基于特定的宗旨和配合关系，呈现出系统性和整体性的机构。推进高校思想政治教育工作，先要确定一个组织管理目标，然后根据具体需要优化人员和资源配置，明确它们之间的相互关系，最后根据具体的工作开展组织管理工作。总的来说，就是要整合教育要素，健全组织机构，为高校思想政治教育提供组织保障。

（一）建立教学组织保障机制

高校思想政治教育活动主要在教育的主体和客体之间开展，但是我们需要注意，其中不仅只涉及主客体之间，教育活动在一定程度上也受其他因素影响。比如，保障机制的重要组成部分可以起到规范教育主体和客体的作用，它们可以影响教育活动的内部机理，是各种教育机制运行的前提。在多年的高校思想政治教育过程中，我国建立起了相应的教育组织保障体系，而随着当前国内外社会环境及各类高校不同的办学模式和当代大学生的思想观念、行为方式的不断变化，高校思想政治教育的需求已然发生了改变。在社会转型期的大环境下，我们必须对我国的思想政治教育的组织体系进行必要的调整，重新判断高校思想政治教育的作用和优点，探求大学生思想政治教育的内在规律，在此基础上对教育组织结构进行调整。

(二)组织保障机制的构建思路

"全员育人"是我国高校思想政治教育组织机构当前改革的总体思路。过去开展高校思想政治教育主要依赖于主管马克思主义理论的教学部门和学生工作管理部门,随着时代的改变,我们要在思想认识上及实际行动中加强高校"育人为本,德育为先"的育人理念,将高校思想政治教育彻底融入学校工作的各个方面,并贯穿于整个教育教学环节中。

学校相关党委部门需要在整体上引领高校思想政治教育的正确方向,重新确定工作理念和目标,推动大学生德育与智育工作。从具体实施来看,马克思主义理论教学部门应抓好理论教育;学生工作部门与共青团系统应帮助大学生树立社会主义价值观;各院(系)专业课教师应该把思想政治教育融入教学环节;学校管理部门和服务部门在各自的岗位上,应带头示范,树立榜样;学校宣传部门应建立起弘扬社会主义主流价值观的文化阵地。

三、人力保障

要按照提高素质、优化配置、稳定结构的要求,大量选拔德才兼备和工作热情较高的中青年干部,充实思想政治教育工作队伍;注重专家化、职业化的专职政工干部的培养,以专兼职相结合为基本原则,采取切实措施,培养一批政治立场明确、理论功底扎实、勇于开拓创新、善于联系实际、具有奉献精神的教育工作者和社会活动人士。同时,思想政治工作志愿者作为潜力最大的群体应当得到重视,使之成为壮大政工队伍的后续力量和储备军。为此,要建立完善思想政治教育专职队伍的激励和保障机制,免除他们的后顾之忧,同时提供更多的发展机会,注重人才储备和培养的长效性。

第二节 优化大学生思想政治教育评价机制

高校思想政治教育评价既是高校思想政治教育工作中必不可少的重要组成部分,也是高校思想政治教育工作的最后一个环节。通过对高校思想政治教育工作的效果进行客观、全面、科学的评价,对于总结思想政治教育工作经验,校正思想政治教育工作过程中的偏差、错误都有很大的帮助,有利于高校思想政治教育工作的开展。

一、高校思想政治教育评价的原则

（一）公开、公平、公正的原则

公开是指评价方式、方法、对象等的公开；公平是指评价起点和标准的公平；公正是指评价基本价值取向的正当性。

1. 公开原则

在大学生思想政治教育工作评价过程中，公开必须作为一项根本性的要求得到贯彻执行，同时应坚持多向度性和针对性。在高校思想政治教育工作评价机制语境下，公开就是将需要公开的事项多向度、有针对性地公开。公开内容向度若以思想政治教育工作考评本身为参考系，可以视为考核的办法、考核的对象、考核的内容等；若立足本体之外，可以视为透明公开的客体、监督考核的主体等。公平、公正必须以公开为基础，失去了公开意味着失去了公平和公正。

2. 公平原则

公平是高校思想政治教育评价工作的重要保证。公平不是空洞的，而是包含具体内容的公平。结合思想政治评价工作的特点，公平主要包含起点、尺度和结果的公平。

起点公平是指评价的基准点要公平。对于被评价对象而言，处在不同基准线上而用同一种评价方法所取得的评价结果是不具有可比性和普遍意义的。具体来说，起点公平就是指评价的项目是统一的，评价的对象是相同的，所设置的评价指标也应该是相同的。

尺度公平也称标准公平，是指在评价工作中所使用的评价标准、评价指标和指标体系是公平的。基于内容维度就是指标准、指标和指标体系的使用要具有公平性。

结果公平就是评价的结果是可以用同一种方法去度量和实证的。结果公平就是指评价的最终结果是按照预先设定的标准归纳和演绎出来的，它对于所有被评价的对象都是适用的。

3. 公正原则

公正原则是高校思想政治教育考核工作的重要衡量基础，失去了公正原则将直接导致评价的失衡和结果的失真。公正包括对人公正、对事公正、程序公正和方法公正。对人公正就是所采用的评价系统对于所有被评价客体都是适用的，具有相当的普遍性，不因人的各种差异而存在偏私或不平衡。具体来说，无论被评价者的民族、职称、身份、出身有何不同，评价不因评价者的主观意愿而改变，不因被评价对象的差异而改变。对事公正就是对思想政治评价工作公正，要求评价工作的参与者要正视这项工作，不带有任何偏见和私心杂念；评价者应当就事论事，不与任何不相关的工作相联系，不将个人偏见带到评价工作之中，不能公报私仇。确保对事公正，评价工作人员的思想道德素质和评价工作人员的产生机制是重要的制约保障。

（二）和谐原则

和谐原则即以和谐理念为指导与核心，坚持以融洽、协调为根本要求，评判高校思想政治教育过程和成果的准则。

第一，高校思想政治教育的灵魂、核心是和谐。思想政治教育主要体现了和谐的理念，实施的是和谐内容，追求的是和谐目标，或者说，思想政治教育性质和要求即为和谐。所以，我们在评判高校思想政治教育时，必须坚持和谐原则，否则，评价就可能无的放矢或者南辕北辙。

第二，评价坚持和谐原则，才能促进高校思想政治教育的完善与发展。评价不是目的而是手段，即评价是为了推动、促进思想政治教育的完善、进步、发展。但是，不是任何的评价都具有和发挥出推动、促进的功能。只有评价这一手段符合目的、有利于目的的实现时，它才能够较好地发挥出推动、促进的功能。坚持和谐原则，有助于以和谐为准则评价的高校思想政治教育过程更加完善、效果更加明显，最终促进思想政治教育工作的进一步完善和发展。

第三，和谐原则对其他评价原则具有决定和影响作用。思想政治教育评价的原则有多个，但是，所有的评价原则都是由思想政治教育的性质决定的，都是为思想政治教育的实施和发展服务的。和谐原则集中地体现和反映了思想政治教育的性质，对其他的评价原则有决定和影响作用，即所有的评价原则都应以和谐理念为指导，都应遵从融洽、协调的要求。

坚持评价的和谐原则需要遵循以下要求。

第一，以和谐理念指导评价。既然和谐是高校思想政治教育的灵魂、核心、目标，既然坚持的是和谐评价原则，在评价的整个过程中，就必须以和谐理念为指导，即着眼和谐、注重和谐、追求和谐，让评价过程成为弘扬和谐、促进和谐的过程。

第二，既注重教育结果的和谐，也关注教育过程的和谐。评价首先关注的是结果，因为结果是人们追求的目标。但是，结果与过程是统一的，特别在思想政治教育方面，若没有过程的和谐，定难有结果的和谐。因此，必须坚持评价的和谐原则，既关注教育结果的和谐，也关注教育过程的和谐。

第三，评价活动的实施要和谐。评价能否发挥出推动、促进功能，关键在于评价的实施。实施和谐评价取决于多方面的因素，主要有评价主体合理，其关系和谐；评价方法正确；评价指标适当。在坚持和谐评价原则时，对上面诸因素都要注意到，要处理好各因素间的关系，让它们发挥好作用。

第四，评价活动的效应要和谐。前面已说到，评价是手段而非目的。这一手段是否符合目的，是否有利于目的的实现，就是评价的效应。评价效应既取决于评价的指导思想、评价实施，又取决于评价做出的判断是否客观、公正。因此，坚持评价的和谐原则，必须确保评价判断的客观、公正，这样，评价才具有促进和谐的效应。

（三）全面原则

全面原则即全面评价原则，也就是说，高校思想政治教育评价要坚持全方位、多层面评价。即从评价的两大方面看，既评价教育效果，又评价教育过程；从过程评价看，既评价教育的内容，又评价教育的方式、方法；从结果评价看，既评价受教育者的思想、心理，又评价受教育者的行为。

高校思想政治教育坚持评价的全面原则，主要理由如下。

第一，通俗来讲，和谐是多种因素不断进行协调和统一的过程。要对高校思想政治教育进行评判，就必须看到高校思想政治教育的方方面面，看多种因素的状况及其作用的发挥，看多种因素的关系是否和谐。

第二，思想政治教育的成效由多方面显现。高校思想政治教育评价必须从整体出发，对思想政治教育实践的全过程及其社会效果做综合性考察与评价，以克服和防止"只见树木，不见森林"或"只见森林，不见树木"的形而上学倾向。思想政治教育的成效是个多面体，从个体看，既有思想认识、心理素养、行为习惯，还有这样的思想认识、心理素养、行为习惯产生的客观结果；从社会看，既有社会的政治、经济、文化领域，还有社会生态、社会的持续发展；从思想政治教育本身看，既有已经历的过程及其成效，也有思想政治教育的进一步开展。所以，评价时不应仅就某一方面或侧面进行评价，而应该全面评价。

第三，思想政治教育的成效是多因素共同作用的结果。高校思想政治教育是非常复杂的活动，需要多种因素共同参与，且协调、一致地发挥作用。如既需要适切的教育目标、内容、载体、方法，还需要积极、协调的教育环境；既需要教育者真挚的情感、较强的教育能力，还需要教育者以身示范。因此，只有全面评价才能掌握高校思想政治教育中多种因素的真实情状。

第四，全面评价能细辨优劣，促进思想政治教育的发展。高校思想政治教育活动中要素众多且需要协调、一致，全面评价能仔细地辨别、区分各要素及其关系何优何劣，问题何在，从而有针对性地采取措施，促进高校思想政治教育的健康、和谐、持续发展。

坚持好评价的全面原则需遵循以下要求。

第一，评价指标要全面。指标即规定的目标，是对高校思想政治教育中各项工作、活动制定的标准。有了标准才便于衡量，因此，全面评价就要有全面的指标，并按照各项具体指标逐一地、认真地进行评价。

第二，评价主体要全面。人的本质是社会性，人在各种社会关系中存在；任何单位、团体也必然参与社会活动，在与个人、其他单位、团体的关系中表现自身的社会性及社会作用。因此，对高校思想政治教育进行评价，应让所有知情者——被评价对象的关系者成为评价主体，这样评价才全面，才有利于克服评价的片面性、主观性。

第三，评价资料要全面。资料是评价的依据，全面评价就要全面收集资料，资料越全面、详尽，评价就越准确、客观。全面的资料是指既有教育活动方方面面的资料，又要有反映教育成效的资料；既有直接的资料——可以直接查获、取得的资料，又要有间接的资料——来自非教育主体的资料，这些资料有时可能更客观、真实。

第四，评价过程要全面。评价活动是作为一个过程而存在和进行的，全面的评价就要有全面的过程，即评价的方方面面的工作要做足、做实、做细，而不是走过场。如确定适宜的评价模式、方法、指标，全面、详细地掌握评价资料，对获取的资料认真、仔细地核实与查证，对评价中的各项工作坦诚地征询多方面的意见、建议等。过程的全面是全面评价的重要保证。

二、建立全新的高校思想政治教育评价模式

评价模式既反映着思想政治教育的形态特征，也反作用于特定形态的思想政治教育，还给评价提供了便于操作的样式。我们认为，高校思想政治教育的评价模式主要有质与量相结合模式、自评与他评相结合模式。

（一）质与量相结合的评价模式

所谓质与量相结合的评价模式，即将定性评价与定量评价相结合的模式。也就是说，高校在思想政治教育评价中，既要对评价对象进行整体和性质的分析综合，以鉴别和判定思想政治教育实践效果性质，又要对评价对象运用数据的形式，通过对评价对象表现出来的一些数量的关系的整理分析，从数量上相对精准地把握思想政治教育实践效果状况。

1. 质与量相结合评价模式的优势

高校思想政治教育评价主张采用质与量相结合模式的理由有以下四点。

（1）事物都是质与量的统一。唯物辩证法认为，事物都包含一定的质，也都有一定的量，是质与量的统一。因此，高校思想政治教育评价，既要看其质，也要看其量，这样才符合事物的发展规律，才能使评价客观、准确、和谐。

（2）量的评价必须以质为前提。数学、统计学和计算机科学的发展为高校思想政治教育量化评价奠定了基础，量化评价在现实中逐渐被采用。但是，定性是定量的前提和结果，离开定性的定量评价毫无意义。

（3）仅有质的评价难以精确。质的评价是传统的评价方式，这种方式容易过多地依靠经验和印象，导致主观随意性，即仅有质的评价是难以精确的，是不科学、不和谐的。

（4）质与量结合的评价才准确。质是不同事物相互区别的规定性；量是保持事物性质的规定性。质的评价以便区分优劣，认识其性质；量的评价以便区分优劣的程度，对同性质的对象做出精确的鉴别。可见，质与量结合的评价才准确、和谐。

2.质与量相结合评价模式的程序

一般来说，质与量相结合评价模式的操作程序如下。

（1）看、听、问——形成初步印象——有了初级的质。对高校思想政治教育对象的评价，无论是对个体的评价抑或群体的评价，一般来说，评价者先要通过看、听、问等活动。看评价对象的面貌、状态；听评价对象汇报；问评价对象的教育安排、效果等，对评价对象形成初步的印象及类似程度的初级判断。

（2）查、调、访——深入了解分析——获取足够的量。在有了初级的质的判断后，评价工作进入了重要的阶段——深入了解分析。一般来说，深入了解分析主要是通过查阅资料、调查、访问的方式进行的。查阅资料即查阅评价对象提供的反映本次评价情况的文本资料；调查即对文本材料、"看、听、问"阶段了解的情况等加以查证、核实；访问即深入受教育者之中，了解、掌握更具体的情况。通过这样的查、调、访，获取足够的量。

（3）依据量研究质——质与量相结合。在有了初级的质，获取了足够的量以后，依据量分析、研究质，对质做出更为精确的判断，即质与量的结合，才是更客观、真实的评价。

3.质与量相结合评价模式的基本要求

高校思想政治教育运用好质与量相结合评价模式的基本要求有以下四个方面。

（1）质的判断必须以量为基础。在质与量相结合的评价模式中，初级的质的判断，可能没有充分的量的支撑，但是，这时质的判断，也是以通过"看、听、问"获取的一定的量为基础的，否则，质的判断就是无据的。在获取了足够的量后进行质与量相结合的评价时，质的判断无论对一定质的程度的判断抑或不同质的判断，都必须以量为基础，否则，对质的断定就难以客观、准确，难以服人。

（2）进行量的分析要充分在质与量相结合的评价模式中，量也是重要的，它规定着质，或者精确质，或者确定质。所以，进行量的分析时，要脚踏实地，认认真真，要了解足够的量、真实的量，对量的分析、研究要充分、精细，防止形式主义。

（3）进行质的判断要谨慎。首先质的判断对整个评价起着基础的、导向的作用；其次质的判断是对评价对象的质的判定。无论前者还是后者在评价中都是至关重要的，因此，在进行质的判断时要谨慎，尽力使判断客观、准确。否则，不仅评价失真，也可能会对评价对象造成很大的不利。

（4）量的分析必须以质为前导。在质与量相结合的评价模式中，虽然量的分析是重要的和必要的，但是对于量的分析必须以质为前提和指导，即必须看清是什么质上的量，离开定性评价的定量评价，毫无现实意义。

（二）自评与他评相结合的评价模式

所谓自评与他评相结合的评价模式，即将被评价对象自己评价与其他评价主体的评价结合来进行的评价模式。具体来说，被评价的教育者或受教育者（现实评价中，较多的是评价受教育者，因为受到教育者的情况及其表现可以直接呈现出高校思想政治教育的成效，即便是对教育者的评价，也主要通过评价受教育者的情况来进行）对自己进行评价，其他评价主体——或者教育者，或者领导，或者专家，或者相关人员对评价对象进行评价，并将两个方面或多个方面的评价相结合，得出最终判断的评价模式。

1. 自评与他评相结合评价模式的优势

高校思想政治教育之所以倡导自评与他评相结合的评价模式，主要有以下四方面的理由。

（1）自评与他评相结合的评价有利于激发、调动被评价对象的积极性。正因为被评价对象最清楚高校思想政治教育的情况，而既往的思想政治教育评价没有或者很少让被评价对象参加，致使评价不准确，并且难以为被评价对象积极接受。所以，运用自评与他评相结合的评价模式，让被评价对象参与评价过程，有利于激发、调动被评价对象的积极性，使他们易于接受评价结果，从而更积极地投入持续的思想政治教育过程中去。

（2）自评与他评相结合评价才客观、准确。评价是为了掌握思想政治教育的情况和促进教育活动深入开展。被评价对象最清楚思想政治教育的情况，被评价对象是高校思想政治教育的主体和亲历者，他或他们对教育的过程及其效果心知肚明，所以被评价对象要自评。但是，现在有些人不那么坦诚、谦逊了，不仅如此，有的还喜欢自夸或者夸大其词，甚至弄虚作假。因此，不能仅有自评，还需要有他评，他评可以保证评价的客观性，自评与他评相结合，评价才会客观、准确。

（3）自评与他评相结合是对既往思想政治教育评价的改革和创新。上面已经谈到，应该让被评价对象参与评价。特别在当代社会，我们倡导以人为本，人们的自主意识、民主意识、参与意识普遍增强，仅有他评，把被评价对象看作机械的客体，这样的评价是很难让被评价对象接受的。所以，思想政治教育提出自评与他评相结合的评价模式，以改革既往的、不合理的评价模式。

（4）自评与他评相结合评价才和谐。虽然被评价对象最清楚高校思想政治教育的情况，但是，较长时期以来，在现实评价中，被评价对象难以参与评价，盛行的仅有他评，这导致评价仅关注那些显性的东西，甚至形式，对教育过程及受教育者思想认识的提高、心理的变化等难以顾及，而这些却是思想政治教育中的重要方面。正因如此，对于评价给出的判断，被评价对象往往有意见，甚至影响了思想政治教育的持续进行。所以，坚持自评与他评相结合的评价模式，评价才会和谐。

2. 自评与他评相结合评价模式的基本程序

自评与他评相结合评价模式的基本程序如下。

（1）被评价对象自评。被评价对象自评，即让被评价对象对自己的思想政治教育工作（对教育者而言）或接受思想政治教育的过程与效果（对受教育者而言）做出评价。被评价对象的自评，既可以采用定性评价来定等级，也可以运用一定的量的表达来定分数。不管运用哪种方式，都必须有依据，即对判断有足够的支撑，以防止自评的虚假。

（2）其他主体评价。其他评价主体的个数难以确定，有可能就是一个主体；有可能是多个主体，如教育者（对被教育者的评价）、受教育者（对教育者的评价）、领导者、专家学者、思想政治教育的职能部门、知情者（或同事，或同学，或家长，或朋友，或与被评价对象有较多交往者等）。参与评价的其他主体越多，评价的结果就越客观、准确，其他主体的评价一般是定性与定量相结合的评价。参与评价的主体务必带着对被评价对象、对社会负责任的态度，认认真真地进行评价，不可草率从事、搞形式主义及弄虚作假。

（3）自评与他评相结合。在自评与他评的基础上，将自评与他评相结合，即将两个评价结果进行整合。所谓整合不是将两个结果简单相加或按一定的权重计算出最后的结果，而是要认真地对比、分析、研究各评价的客观、合理之处，对各评价结果进行"去粗取精,去伪存真",然后由各评价主体的代表协商出最终的评价结果。

3. 自评与他评相结合评价模式的基本要求

(1)动员被评价对象如实自评。较长时期以来,在高校思想政治教育评价中,自评未被重视,或者未被采用,原因是多方面的,如教育观念问题、没有把评价对象当作主体以及社会理念问题、没有以人为本理念等。但是,更为主要的原因是不相信被评价对象。现实社会条件下,弄虚作假者有之,自评很可能有一定的"水分"。因此,在采用自评与他评相结合的评价模式时,评价领导者、组织者要对评价对象加以动员、引导,让他们有求实的态度和作风,要告知他们除了自评还有他评,虚假迟早会暴露。

(2)各评价主体独立进行评价。为保证各主体评价的真实、准确,在采用自评与他评相结合的评价模式时,各评价主体要独立进行评价,自主地表达自己的意见,否则就等于没有了多个评价主体,还是一个主体主宰评价。特别是对于自评,要切实保证被评价对象不被控制、操纵、愚弄,成为某个人或某些人的玩偶。

(3)其他主体评价要客观、公正。评价中的客观、公正非常重要,否则就违背了评价的初衷——总结经验教训,推进高校思想政治教育持续、深入开展。其他评价主体的客观、公正,首先取决于态度的客观、公正;其次取决于工作的认真、扎实,特别是那些平时与被评价对象接触较少、了解较少的评价主体,要保证评价的客观、公正,必须深入被评价对象的日常教育、工作、生活中做细致的观察、了解、调研、核实。

(4)对评价结果的整合要科学。由于对评价对象的了解程度、评价者先入为主的成见和评价中的态度、评价者的水平、评价中工作的认真程度等原因的影响,各评价主体的判断肯定是有差别的。那么,对于各个主体的评价如何赋以权重、整合?这是个复杂的问题,需要认真研究。一般来说,谁更知情,谁更懂得评价,谁获取的证据更有力,在赋以权重时谁的意见就更为重要。在整合中,要充分发扬民主,使各评价主体平等地表达自己的意见、阐述自己的理由,通过民主协商得出最终的评价结果。

第三节 改进大学生思想政治教育环境机制

人的生存发展及思想品德的形成和发展都须处在一定的环境之下。政治主张、道德教化、理论学说的传播,都不是靠政治压力,而是作为一个思想信息,在得到环境的验证之后才会被受教育者所接受。当今社会实现了经济的全球化、科技的现代化、社会的信息化，高校思想政治教育宏观环境、微观环境均产生了巨大的改变，要做好高校思想政治教育工作就必须研究各类环境因素对教育的影响，不仅要充分重视和利用环境，更要有意识地去改造环境、优化环境，创造有利的环境氛围来实现教育目的，从而做好教育工作。

一、高校思想政治教育环境的含义

对大学生思想道德素质形成和发展，高校思想政治教育活动开展产生影响，以及具有内在逻辑联系的一切外部因素，称为高校思想政治教育环境。这有三点含义：一是指环境影响大学生形成和发展思想道德素质；二是指环境影响高校的思想政治教育活动；三是指环境的各种外部因素之间具有内在的逻辑联系。

政治因素、经济因素、文化因素和思想因素等共同构成了高校思想政治教育环境，这些环境因素影响了大学生思想政治品德的形成、发展以及高校思想政治教育活动的开展，但是这些因素产生影响的内容和方式是不同的。因此，研究高校思想政治教育环境的类型，有利于促进高校思想政治教育活动的开展。

二、高校思想政治教育环境的分类

（一）自然环境和社会环境

以环境构成要素的性质为标准，高校思想政治教育环境可分为自然环境和社会环境。自然环境是由一定的自然物质如大气、水、生物、土壤、岩石、太阳辐射等组成的综合体。日月星辰、江河湖海、山川平原等，就是这种综合体的具体体现。自然环境是大学生赖以生存和发展的物质基础，它为大学生的健康成长提供必需的各种物质和进行活动的场所，对大学生思想政治品德产生一定的影响和作用。

社会环境是指人类社会在长期的发展过程中创造和积累的物质文化及社会成果的总和，包括政治环境、经济环境、文化环境、虚拟环境等。社会环境对大学生思想政治素质的影响是在社会的经济关系、政治关系和文化关系等与大学生发生相互作用的过程中形成的。

（二）宏观环境和微观环境

以环境构成范围的大小为标准，可以将高校思想政治教育环境划分为宏观环境和微观环境（也有学者将环境分为宏观环境、中观环境和微观环境）。宏观环境又叫整体环境，包括国际大环境、国内大环境和地区大环境，它是指国际或我国或我国某一地区内各种环境因素的总和。微观环境又叫局部环境，指与人们的活动直接相关的局部环境因素，如家庭环境、学校环境、社区环境、同辈群体环境等。一般认为，在宏观环境和微观环境中，既有自然环境因素，也有社会环境因素。比如，在宏观环境中既有山川、河流、平原、草地等自然环境因素，也有经济、政治、文化等社会环境因素。与自然环境相比较，宏观环境和微观环境中的社会环境因素对高校思想政治教育活动影响是主要的。

宏观环境和微观环境有着密不可分的关系，一方面，宏观环境制约着微观环境；另一方面，微观环境对宏观环境具有反作用，影响着宏观环境。

（三）优良环境和不良环境

通过判别环境影响的好坏，可以将高校思想政治教育环境划分为良性环境和恶性环境或不良环境。良性环境是指有利于大学生良好的思想政治品德产生以及高校思想政治教育工作进行的环境。相反，阻碍大学生思想政治品德发展和高校思想政治教育工作进行的环境为恶性环境。"入芝兰之室，久而不闻其香""入鲍鱼之肆，久而不闻其臭""近朱者赤，近墨者黑"等都形象而深刻地说明了环境好坏对人的影响。高校思想政治教育者就是要善于利用和创造良性环境，引导大学生正确对待恶性环境。

（四）实质环境和虚拟环境

从环境组成要素来看，高校思想政治教育环境可以分为实质环境和虚拟环境。高校思想政治教育的实质环境指可以影响高校思想政治教育的各种物质因素的总和，它包括未经过人类加工改造的纯粹的物质环境和经过人类加工改造后的物质环境（人化的自然环境），它涵盖了自然界中的属人环境、社会中的经济环境等。比如，名山大川属于前者，人文景观、爱国主义教育基地属于后者。虚拟环境是指影响高校思想政治教育和大学生思想政治品德形成及发展的各种社会精神因素的总和。又如，社会制度、社会文化、社会风尚、社会舆论等都是精神环境构成的要素。

三、高校思想政治教育要顺应国际国内的宏观环境

国际国内环境的存在与发展比高校思想政治教育工作系统更加稳定，不以人的意志为转移，无论是高校思想政治教育工作的主体还是客体，都生活在其中并受它的规定和制约。因此，面对复杂的、多变的国际国内环境，高校思想政治教

育工作者的主要任务是对国际国内环境中的各种因素进行筛选和利用。

（一）充分利用全球化环境的有利因素，发挥高校思想政治教育工作的意识形态教育功能

1. 经济的全球化使人们思想更加解放、观念更加与时俱进

经济全球化使文化、观念、生活方式更加多元，有利于扩展大学生的视野，促进大学生多角度地接触世界各国经济、政治、文化，在比较中取其精华，去其糟粕。同时，经济全球化有利于深化大学生对什么是社会主义和怎样建设社会主义的认识，能够促使他们逐渐摆脱原有的错误认识，在对社会主义本质、特征和体制的认识上发生了巨大的飞跃，在经济全球化发展的大背景之中深入贯彻落实建设社会主义的理论、方针和政策，破除固有的思维模式，形成开放、兼容的新观念思维。

2. 经济全球化的发展为高校思想政治教育提供了更为丰富的内涵

在经济全球化的过程中，不同的意识形态互相交汇融合，有助于我国主流意识形态汲取经济全球化的养分丰富自身，促进了大学生视野的扩展，使他们更清楚地认识到传统与现代的差距，发现优点和不足，寻求加强和改进我国主流意识形态建设的新的着眼点，增强主流意识形态的包容性和吸引力，提高了高校思想政治教育工作的效率和实效性。

（二）充分发挥党和政府的主导作用，创建和谐稳定的社会环境

政府是社会改造的组织主体，理所当然是优化思想政治教育环境的主体。20世纪，德国著名社会学家诺贝特·艾利亚斯认为："国家削平了人与人之间的多样性……虽然国家机器以这样的方式将单个个人置入一种规范网络中，这种网络总的说来对所有的国家公民一视同仁，但现代国家并不是将人当作姐妹或叔伯，当作某个家庭组织或其他前国家整合形式的成员来对待的——现代国家这种组织形式考虑的是其成员的国家公民的权利和义务，因此，毋宁说，乃是把人当作单个者，当作个体人来对待的。在这个迄今最晚近的发展阶段上，此种国家的发展进程以它自己的方式推动了一种大众个体化的到来。"[①]可见，政府是构建高校思想政治教育社会大环境的主体，政府对社会环境的调控和改造对高校思想政治教育工作意义重大。

高校思想政治教育环境不是单一的、封闭的，而是多维的、开放的。高校思

---

① 诺贝特·艾利亚斯.文明的进程[M].上海：上海译文出版社，2013.

想政治教育工作者可以利用改革开放、市场经济等有利环境，加强国家间的交流与合作。当前，很多国家基本上都采取政府、社会组织和个体三者间双向联结的三角形模式，实现对个人社会角色的管理。这种三角模式的三级并非固定的，可以设计为国际组织、国内组织、个体等。比如，于20世纪70年代创立的欧洲青年中心和欧洲青年基金会，定期召开国际研讨会和工作会议，设立常设机构，督促各国青年思想政治教育工作的规划和具体落实，是一种国际组织、国内组织、个体之间的三角模式。又如，2000年由英国、美国、丹麦、瑞典、日本、巴西等国家的十几所著名大学及德国青年研究中心发起的以青年群体为中心，研究不同群体与个体的思想和行为问题，优化组合环境资源的国际研讨会议，以整合环境资源影响受教育者，形成了一种政府、研究组织、个人之间的三角模式等。构建资源整合的三角模式，可以开阔视野、增长见识，为受教育者的角色自觉创造更加开放、多元、有利的环境条件。

（三）大力发展文化事业，优化文化大环境

优化文化大环境，就是要引导人们去寻找与建立同经济体制改革、政治体制改革相适应的新的思想观念和新的文化观念，将价值观教育持久地渗透在文化活动载体之中。要用科学的理论武装人，用优秀的作品鼓舞人，努力繁荣文学艺术事业，大力发展哲学社会科学事业和其他文化事业，坚持各类博物馆、纪念馆、展览馆、烈士陵园等爱国主义教育基地的构建，培养学生的爱国情操。在进行参观的过程中，要对全社会进行开放，针对学生集体参观，应实行免票制度。此外，处于不同地位的各级政府和企事业单位，要专门拨出一定的人力和物力，对大学生的公益性文化活动进行全面的支持。

为发展国内的文化事业，国家颁布了《中共中央国务院关于进一步加强和改进未成年人思想道德建设的若干意见》和《中共中央国务院关于进一步加强和改进大学生思想政治教育的意见》等文件，以此来加强对国内文化市场的管理，对于市场和网络环境中所流通的黄色书刊和音像制品要坚决、迅速地予以打击。要依法加强对学校周边的文化、娱乐、商业经营活动的管理，在校园200米范围内，不得建设有经营性质的娱乐场所，同时不得设置网吧和电子游戏经营场所。对于学校周围设置的，或是已经对学校的正常教学秩序和生活秩序产生影响的娱乐性场所，要及时组织力量，坚决予以打击，为大学生的学习创建一个安全、健康、文明的校园环境。

四、高校思想政治教育要不断优化家庭、学校和社区环境

思想政治教育环境是一个由众多子环境构成的系统，其中与人的日常生活、生产联系较为紧密的是家庭环境、学校环境、社区环境。在人的思想品德的形成和发展过程中，这三种子系统发挥着重要的影响作用。因而，高校思想政治教育环境优化要求充分发挥这三种子环境的积极作用，坚持三位一体，形成强大合力，推动大学生的思想品德水平不断提高。

（一）优化校园环境，为高校思想政治教育工作提供健康的内部环境

高校是专门培养人才的特殊单位，是建立在一定社会关系基础上的社会组织体系。学校环境指的是由学校的教职工、教育内容、校园文化、校风、教风、学风等诸多因素构成的境况。在学校中接受教育的青年大学生，他们的大部分时间都是在学校中度过的，因此在对大学生进行文化教育的同时，对他们思想道德的教育也不能放松，这对未来高品质人才的培养具有重要的作用。想要提高大学生思想政治的教育水平，为他们提供一个良好的学校环境是必不可少的，这是当前高校工作的一个重点。高校必须要重视对学生的思想政治教育，既要为思想政治教育提供足够的资金和硬件设备，又要在整体上创造一种健康向上的校园环境，这有助于实现思想政治教育工作内容和形式的统一，获得良好的教育成效。也只有在这种情况下，才能鼓励广大教师对思想政治教育不断进行研究和探讨，提高自身的教学方法和模式，全面提高学生的思想政治水平。

（二）优化家庭环境，为高校思想政治教育工作寻求有利的家庭支持

在所有的教育方式中，家庭教育是最有影响力和感染力的一种，这是因为家庭成员之间具有特殊的血缘、依赖和亲情关系，其对青少年教育的人格形成和发展具有重要的影响作用，甚至会影响孩子的一生。家庭这种微观环境对教育对象具有启蒙奠基、信赖易感、潜移默化、连续不断的特点。从家庭教育的特殊性来看，其既是一种启蒙教育，是青少年最先接触的"老师"，又是一种终身教育，是孩子的"终身教师"。优化家庭教育环境，高校要保持与家长的沟通和联系，对家长进行思想政治、教育学、心理学等方面的理论教育，从整体上让家长认识到家庭环境在子女成长过程中所承担的重要责任，实现子女教育的科学性。在对孩子进行教育的过程中，还要不断提高自身的思想素质，为子女的教育起到良好的榜样作用，为孩子的教育创造一个和谐、民主、进取的家庭环境，促进青年大学生的健康成长。

（三）重视社区环境，为高校思想政治教育工作提供良好的社区环境

社区环境与家庭环境和学校环境相比，具有很大的不同，它犹如社会的一个缩影，成分复杂、良莠不齐。良好的社区环境既可以为家庭生活、学校工作提供必要的物质和精神保障，也可以成为家庭教育和学校教育的有益补充。苏联学者霍姆林斯基就曾经说过，"单单在儿童上学和回家的路途上，他们受到的思想教育就比在学校里待几个小时所受的教育都强烈鲜明得多"。其原因"就在于这些思想是包含在形象里，包含在生活的各种画面和现实中的"。[①] 我们可以看出，在高校思想政治教育过程中，社区环境有着不可替代的作用。

1. 树立正确的舆论导向，创建优秀的社区文化

社区在为高校思想政治教育创造优秀的社会文化的过程中，应充分发挥大众媒体和社区宣传栏等的宣传作用，树立正面典型，宣传先进人物、先进事迹，创造积极健康良好的社会氛围，引导大学生树立正确的思想观念、价值取向、行为方式、生活情趣。

2. 以优化社区的文化环境为中心

社区环境中对大学生影响最大的是社区文化环境，因此，必须切实加强社区文化环境的建设和管理，为全面实施思想政治教育创造条件。对社区内已经存在的文化设施要不断进行完善，同时不断增加新的文化设施，保证社会环境的新鲜性、趣味性与教育性的结合，提高娱乐活动的质量，丰富人们的精神文化生活，使社区文化真正起到教育、调节当代大学生身心健康的良好作用。另外，还要加强社区文化设施管理，维护社区正常的文化环境，从而保证社区文化设施发挥良好的教育作用。

3. 加强大学生的安全教育，远离社区中的不良环境

社区是社会环境的小缩影，有很多方面高校是无法调控的，要想为学生创造出一个良好的周边环境，就必须要对学校内部加强管理。对大学生的教育不能仅是文化教育，还要对其进行安全教育、法制教育和自我保护教育，提高大学生的自我保护能力，促使学生能够自觉地抵制不良文化制品的侵害。

需要注意的是，在对大学生进行自我保护教育的过程中，还应当重视教师的正确指引和教导，主要表现在三方面。第一，教师要教育学生不要接触不良网络和录像，防止暴力和色情对自身精神的荼毒；第二，教师要告诫学生远离对自身身心健康发展有害的娱乐场所，避免自身的思想或是身体受到侵害；第三，教师应与学生之间建立良好的师生关系，经常与学生进行教育与沟通，帮助学生解决生活或是学习上的难题，教育学生要珍爱生命、关爱他人。

---

① 霍姆林斯基. 给教师的建议 [M]. 杜殿坤译. 北京：教育科学出版社, 1981.

第七章　新时代解决我国高校思想政治教育问题的路径

第一节　丰富高校思想政治教育的内容

一、加强政治教育

政治教育既是决定思想政治教育方向和性质的核心内容，也是其最高层次和最为艰巨的内容，是旨在形成核心力的信仰性教育，主要包括政治观点教育、政治立场教育、政治方向教育、基本路线教育、理想信念教育、爱国主义教育以及形势政策教育等，政治教育总是同一定政党和阶级的意志紧密联系的。在新的历史时期，加强大学生政治教育具体表现为加强爱国主义、集体主义和社会主义教育，引导大学生树立实现"中国梦"和社会主义核心价值观的"国家精神力量"，坚定走中国特色社会主义道路的政治定力和政治信念。

意识形态工作是党的一项极端重要的工作，能否做好意识形态工作，事关党的前途命运，事关国家长治久安，事关民族凝聚力和向心力。党和国家在现阶段如此重视意识形态教育的原因，是因为它是保证我国政治意识形态不变色和国家不断走向胜利的关键。那么，怎样才能紧紧把握住意识形态的主动权呢？第一，要认真学习马克思列宁主义、毛泽东思想，特别是邓小平理论、"三个代表"重要思想、科学发展观以及习近平新时代中国特色社会主义思想，认真领会马克思主义的立场、观点、方法，深刻认识和准确把握共产党执政规律、社会主义建设规律和人类社会发展规律。第二，要加强党性教育，维护中央权威，与党中央保持高度一致，坚定政治方向，站稳政治立场，在大是大非面前保持政治定力。第三，要坚持"三个自信"，即道路自信、理论自信、制度自信。对于每个高校来说，增强以马克思主义为指导的意识形态教育是一项固本培元、凝魂聚气的战略工程，应该把"讲政治""讲正气"放在高校思想政治教育的首要位置，重视国家和人民利益，培育大学生"任尔东西南北风，我自岿然不动"的坚定政治立场。

二、深化思想教育

思想政治教育的根本内容是思想教育，它为思想政治教育的其他方面提供了价值理念和世界观方法论基础，是注重启发、说理和引导的认知性教育，也是在思想政治教育中最经常、最普遍出现的教育。思想教育又细化为系统性教育和日常性教育，系统性教育解决的是长远性和根本性问题，如世界观、人生观、价值观等；日常性教育解决的是日常生活化和现实微观性的问题，如工作、学习、生活中的具体问题，是系统性教育的具体外化。思想教育主要包括世界观教育、人生观教育、价值观教育、方法论教育、爱国主义、集体主义、社会主义教育、艰苦奋斗教育、科学精神和创新精神教育等。

（一）德才兼备、以德为先的人才观教育

胡锦涛同志在庆祝中国共产党成立 90 周年大会上指出："坚持德才兼备、以德为先的用人标准""形成以德修身、以德服众、以德领才、以德润才、德才兼备的用人导向"。人才是社会建设中最珍贵的资源，而德是人才所具备的首个要素。德的重要性就像鱼儿离不开水，坚持德才兼备、以德为先的用人标准，既是我们党选拔任用干部的前提条件，也是各级党组织培养教育干部的基本要求和总体目标。我们党能够带领中国人民从贫穷走向富强、从落后走向繁荣，最不能忽略的一点就是坚持了德才兼备、以德为先的用人标准，使党的事业薪火相传、繁荣昌盛。

第一，做到以德修身。以德修身就是指以高尚的品德来指引个人做人、立事、为官。大学生是祖国未来发展最直接的形象代表，自身的道德建设在整个社会中有着不容小视的作用。它不仅关系着党的兴衰存亡，更关系整个社会的道德导向。以德修身要求大学生自觉做到：具有坚定的政治立场和心存全党的大局观念。立场是旗帜和方向，坚定的政治立场是广大党员干部做事的根本，没有它就会失去方向感，迷失自己，颠倒黑白，会给党带来不可弥补的错误。坚定的政治立场要用理论知识来武装，当代大学生要认真学习和掌握马克思列宁主义、毛泽东思想，深入学习和掌握中国特色社会主义理论体系，形成辩证唯物主义和历史唯物主义世界观与方法论，这样才能树立坚定的政治立场，死心塌地地为党的事业贡献力量。同时，要具有心系全党的大局观念，把党的事业作为自己的责任、居安思危、

未雨绸缪，时刻想着党，奉献于党；树立修身无小事、修身须终生的意识，扎实在实践中培养、在点滴中养成的观念。冰冻三尺非一日之寒，修身亦是这样，平时的点滴小事能够充分体现出以德修身，青年大学生要强化修身无小事的意识，在实践中注意点滴养成。"勿以善小而不为，勿以恶小而为之"，坚持在点滴中养成，在养成中立德。树立做人、做事、为官就是修身的意识，达到生命不息、修身不止的境界，形成一辈子修身的良好习惯。

第二，做到以德润才。以德润才就是让德与才相互促进，共同发展，成为素质全面的人才。以德润才是在以德领才的基础上，德与才得到一定的发展，两者相互促进，互为提高，以德来滋润才能、提高才能。才能像一把利剑，锋利无比、所向披靡。但是，一把再好的剑也实现不了十八般武器的功能，德就如转换器，把剑转化成各种需要的武器，淋漓尽致地发挥其作用。以德润才堪比画龙点睛，缺少德的才显得枯燥乏味。以德润才要求青年大学生在德才的发展上，用德促才，全面提高自身的各种素质。在提高自己才能的同时，加强自身的修养，用修养来净化心灵，为才华的发展提供更广阔的舞台。德为才提供了良好的氛围和成长的环境，在德的滋润和呵护下，才得到了更好更快的发展。以德润才使才的成长就如顺水推舟、如鱼得水，个人的才能也只有在德所营造的良好条件下才能沿着正确、顺利的道路前进，成为党和人民所需要的人才。

第三，做到德才兼备。德才兼备就是既重德又重才，是人才两个重要的方面。所谓人才，要求德才兼备，两者缺一不可。德才兼备的大学生是党的事业发展的栋梁，能否培养好德才兼备的大学生影响着党的事业的发展和国家的兴衰。近些年来，我国高校培养和造就了一大批优秀人才，建立了较好的育人用人机制，但是在这个过程中也时常出现一些问题。所以，我们要从中得到警示：高校思想政治教育要加大对创新人才的培育力度，鼓励多种模式下对人才培养的探索，借鉴外国先进的理念，多管齐下，培育更多优秀的人才。此外，各高校还要摒弃"急功近利"的人才观。人才的培养和发展是一个长期、曲折的过程，没有近路可以走，也不能走，在这个过程中，需要高校思想政治教育工作树立高瞻远瞩的战略意识，真真切切地培养政治立场坚定、思想素质突出的社会主义建设和接班人。

（二）厉行节约的艰苦奋斗教育

艰苦奋斗教育是思想政治教育工作中不可忽视的内容。一直以来，艰苦奋斗、勤俭节约作为我国人民的传统美德，对我国取得新民主主义革命的胜利以及社会主义建设的成功功不可没。但近几年，我国快速发展的经济，提高了人民群众的生活水平，也使一些人渐渐地淡忘了艰苦奋斗这一精神。社会上充斥着高消费、攀比消费等不良风气，严重败坏了我们的社会风气，并且极大地损害了党和政府艰苦朴素的人民公仆形象，对社会主义建设事业产生了巨大的威胁，不仅如此，这种风气还传入了校园。这就给高校思想政治教育工作者提出了一个新的要求，那就是在对大学生进行思想政治教育工作时，应把艰苦奋斗教育作为重点内容，造大声势，让青年大学生自觉行动起来。

第一，组织学生学习老一辈无产阶级革命家为了取得胜利，不畏艰苦、自力更生、艰苦奋斗的精神。如当时，延安交通闭塞，经济落后。面对国民党的封锁，毛泽东号召根据地军民自己动手，丰衣足食，开展了大生产运动。部队战时作战、闲时种地，几年下来，铸就了延安军民的铮铮铁骨和艰苦奋斗的精神。在当今这个富强繁荣的新时代，必须发扬延安精神，要把坚定正确的政治方向放在第一位，积极接受共产主义理想教育、社会主义必然代替资本主义的教育，树立崇高的民族自尊和自信心。

第二，重视道德建设，用以集体主义为核心的共产主义道德教育学生，提倡"毫不利己，专门利人""人人为我，我为人人"的道德风尚，克服和抵制"专己打算""人人为自己，上帝为大家"的资产阶级自私自利的腐朽道德。

第三，加大坚持艰苦朴素、勤俭节约，反对铺张浪费、肆意挥霍、大手大脚的作风教育。帮助广大学生树立社会主义主人翁和"过紧日子"的思想。青年学子作为社会主义的接班人，直接关系中华民族的整体素质，关系国家的前途和命运，所以社会主义事业的合格接班人必须在思想政治上合格。当今的青年人，没有经过艰苦岁月的磨炼，对中国的国情也了解不深，一些人怕艰苦、图享受。尤其在市场经济负面效应的影响下，不少青年崇尚金钱至上，强调自我价值，奉行所谓"理想理想，有利就想；前途前途，有钱就图"，导致人生价值观扭曲。革命精神以为人民服务为核心，这是我们党的根本宗旨，是无产阶级的人生观，也是培养教育青年学生和加强思想道德建设的宝贵教材。用革命精神培育合格人才，努力提高大学生的思想道德素质，培养有理想、有道德、有文化、有纪律的"四有"新人，是我们党的一项重要的战略任务，是党和国家事业后继有人的重要保障。

三、提升道德教育

道德教育是思想政治教育的基础内容，是内省和自律的伦理性教育，是内化于心、外化于行的养成教育，主要包括社会公德、职业道德、家庭美德、个人思想道德等"四德"教育以及生命道德、生态道德、人道主义道德、网络道德、科技道德等教育。现阶段，高校对大学生进行道德教育的重点主要是积极培育和践行社会主义核心价值观教育，可从以下五方面展开分析。第一，从地位和作用来看，习近平总书记称之为"人生第一颗扣子"，一步错，步步错，对"立德树人"

来说有重大的意义。第二，从性质来看，核心价值观，其实就是一种德，既是个人的德，也是一种大德，是国家的德、社会的德。国无德不兴，人无德不立。第三，从内容来看，有三个层次共24字，即国家层次倡导"富强、民主、文明、和谐"，社会层次倡导"自由、平等、公正、法治"，公民层次倡导"爱国、敬业、诚信、友善"。第四，从根本要求来看，要"明大德、守公德、严私德"。第五，从实现路径来看，一要勤学，二要修德，三要明辨，四要笃实。高校思想政治教育工作要注重宣传教育、示范引领、实践养成相统一，注重政策保障、制度规范、法律约束相衔接，以实际行动促进践行社会主义核心价值观。既要在"大事"上看德，又要在"小节"中察德。在具体行动上，要努力教育和引导大学成为社会公德的示范者，严于律己，垂范德行；积极做职业道德的引领者，努力工作，恪尽职守；争当家庭美德的模范，在事业和家庭中寻找平衡点，尊老爱幼，担当责任，以身作则；做公民道德的有心人，乐于助人，乐于奉献，从细微和平凡处入手，言行举止要体现素养，成为"爱惜羽毛"的重声誉有德之人。总之，应当教育大学生努力践行社会主义核心价值观，追求"讲道德、尊道德、守道德"的生活，为形成"知荣辱、讲正气、做奉献、促和谐"的社会风尚而做出自己应有的贡献。

四、加强心理教育

心理教育是思想政治教育的重要前提和驱动力，是重在劝导、激励和体验的疏导自励性教育，包括心理健康方面的知识性教育、咨询性教育和发展性教育等。当今社会被称为压力社会和风险社会，加之我国正处于从传统向现代的转型期，来自工作、生活、家庭等多个方面的压力令人无法承受。自从进入新时期，高校大学生面临的压力主要有以下四方面。第一，就业压力。随着技术的进步，劳动力的需求结构不断变化，即对技术工人，特别是对熟练的技工的需求越来越大，而劳动力的供给结构却跟不上形势的变化，以至于没有一定技能的劳动力越来越难找到工作，而迫切需要专业技工的单位却找不到合适的人选。对于大学生来说，只是单方面拥有理论知识，缺乏操作能力，是其就业难的一个原因。大学生毕业的主要就业领域在现代服务业。如果这个第三产业不能迅速发展，就很难缓解就业压力。第二，学业压力。大学的教材变得越来越不适用，有时还会因为老师的需要设立各种课程，给学生造成了巨大的学习压力。此外，学生还不断去学习各种对将来就业和升学有益的课程以及考取增加就业竞争力的证书，使学生越来越力不从心。另外，有许多大学生因为就业压力大选择了继续读硕士、博士，报各种考研培训班，早出晚归，开始像高中一样的生活。再者近年来，大学生的考试和评分制度不断改革，如果疏忽大意，不注意细节，极易造成考试不及格甚至重修的局面，严重的还会被取消学位，不能顺利毕业。因此，保证每门考试都顺利通过对部分学生造成了一定的压力，其主要表现的是考前的临阵磨刀，临场的紧张和考试成绩出来之前的不安。成绩比较好的同学压力较小，但他们也面对着另外一种压力，那就是争取名次和奖学金上的压力，他们会时刻关注竞争对手，紧盯对手的动态，不断给自己提出新的要求，制订更高的目标和学习计划，努力赶超自己的竞争对手。而对于那些选择了考研的学生来说，他们所面对的学业压力更大，他们不仅要把平时考试的科目学好，顺利通过考试，还要把考研所学的课程弄懂，掌握大量的知识。第三，经济压力。对于大学生来说，每年的学费虽然不高，但却有很大一部分同学不愿意向父母伸手要钱，他们宁愿兼职挣钱。助学贷款只能帮助其在校时间的学费支出，随着学生的毕业，助学贷款反而成为一种负担，使学生更加力不从心。所以，教育致贫的家庭又成了现在社会扶贫的对象。第四，心理压力。大部分大学生都曾感受过学习的压力，长此以往，其精神长期处于高度紧张的状态下，从而可能导致强迫、焦虑等不良反应，最终崩裂，出现精神分裂等心理疾病。目前，中国高校在校生中约有20%是贫困生，而这其中5%～7%是特困生。调查表明，70%以上的贫困生认为自己承受着巨大的学习压力和生活压力。这些压力对他们造成了较大的心理困扰，而贫困生并不懂得如何去化解。另外，大学生对情感方面的问题不能正确认识与处理，也直接影响着大学生的心理健康。大量案例表明，大学生因恋爱所造成的情感危机，是诱发大学生心理问题的重要因素，有的人因此而走上极端，甚至造成悲剧。面对大学生的情感困惑和危机而引发的心理主要有两个方面：一方面，误把友谊当爱情。有些同学在与异性的交往中，不能准确地区分友谊和爱情，给双方平添了许多的烦恼。另一方面，将爱情摆错了位置。有些同学将爱情摆在了人生的最高地位，奉行爱情至上主义。这样的恋爱观，很容易对人生目标产生曲解，这对需要将精力用在学习上的大学生来说危害很大。这样的恋爱观常常会让一些同学在求爱失败或失恋之后，情绪和行为失控，失去理智，甚至产生悲观厌世的情绪，导致严重后果。此外，还有功利化或者片面对待恋爱的，尤其是在自己心中幻想出一个脱离现实的恋爱偶像，看中家庭条件，或片面追求外在形象，或仅仅把恋爱当作摆脱孤独寂寞的方式，这样既产生不了真正的感情，也得不到真正的爱情，还会给彼此的感情领域留下一片阴影。以上情形的存在都会对大学生心理产生严重的影响。

　　从这些实际问题来看，对大学生进行一定的心理干预和心理健康教育十分必要，如将心理健康教育纳入大学生思想政治教育培训的范畴中，根据大学生的实际需要进行有针对性的心理辅导。同时，高校有必要创建一套心理健康跟踪系统，对大学生心理健康状况做到早发现、早帮助、早治疗。与国外强大的心理健康咨询机构相比,我国在这方面还比较落后。要想使大学生能够得到有效和及时的帮助和治疗,国家和社会应当鼓励和支持高校建立心理健康机构,为他们提供政策和资金方面的支持,给大学生提供一个健康的保障。①

第二节 创新高校思想政治教育的方法

作为"行事之条理"的方法,被培根称为"心的工具",被毛泽东比喻为"桥或船"。邓小平同志也曾说:"时间不同了,条件不同了,对象不同了,因此解决问题的方法也不同了。"方法在思想政治教育中的重要作用不言而喻。从实效性来看,方法落后、无效一直是影响思想政治教育实效性的重要原因。从这一角度看,高校思想政治教育要与时俱进,不仅要有先进的教育理念和与时俱进的教育内容,同时必须创新改革教育方法,增强自身的实效性和科学性。

一、传统方法和现代方法互补

思想政治教育方法要"管用",就必须不断弃旧纳新,紧跟时代的脚步。目前,高校思想政治教育的方式方法还很落后,不能适应新形势和新任务的时代要求,有的甚至还停留在计划经济时代,缺乏新观念,内容不鲜活,方法老套,政治色彩浓厚,远离大学生的生活世界,这些"被动式说教"的政治工作很难获得真正有效的德育成果。创新高校思想政治教育方法,必须在继承中创新,古为今用、洋为中用,使传统方法和现代方法互补共通、取长补短。中国古代思想政治教育方法和传统的思想政治教育方法仍有许多值得我们借鉴的地方。古代思想政治教育方法主要有内修和外化两种:外化即社会教化,包括思想灌输、化民成俗、身教示范、践履笃行等方法;内修即自我修养,包括学思结合、自省、克己、慎独等方法,伦理方法政治化是古代思想政治教育方法的特色。传统的思想政治教育方法主要有说理教育法、情境教育法、情感教育法、自我教育法、实践教育法、典型教育法、和谐教育法、理论学习培训法、宣传教育法、环境熏陶法、疏导教育法、比较教育法、对比教育等,这些方法基本符合人的思想品德,是实用有效的方法。但是,加速发展的现代社会,人的思想呈现出复杂化、多样性、有个性的特点,给思想政治教育工作带来了新的机遇和挑战,传统方法面临着退伍的局

---

① 郭大勇. 艰苦奋斗教育仍应成为高校思想政治工作的重要内容[J]. 鸡西大学学报(综合版),2002(1).

面。因此，高校思想政治教育工作必须积极改进、创新和融合教育方法，使其适应时代的不断变化。

总体来看，高校思想政治教育方法应当从单向交流向立体式交流转变、从被动式向主动式转变、从封闭式向开放式转变、从灌输式向启发式转变，多采取讨论式、对话式、情景式以及寓教于乐等教育方法，增加系统分析、信息预测、调研评估、信息技术、网络大数据、心理咨询、人文关怀、自我激励、整体评估等现代方法。在发展趋势上，高校思想政治教育要做到传统方法和现代方法彼此融合，积极探索适应大学生主体意识的新观念、新方法，在开创"新世界"时也不忘继承和扬弃"旧世界"。正如马克思所说："新思潮的优点恰恰在于我们不想教条式地预测未来，而只是希望在批判旧世界中发现新世界。"[①]

大学生思想政治教育强调实事求是、平等信任、正面引导和讲求实效的原则，只有多角度、多侧面、多形式地加大高校思想政治教育传统方法和现代方法融合的力度，才能形成教育合力，达到教育效果。事实上，不管是哪一种教育方法都不是完美的，都会有自身的优缺点，所以不能用时间来划分思想教育方法的好坏，而要用实践来检验实际效果，并根据主体需要适时对其进行时代转换和互补，使传统智慧和现代理性相结合，取得好的成果。比如，传统说理法是传统思想政治教育最基本、最普遍的方法，其优势在于"以理服人"，理不通、情不到，教育就没有效果。在高校思想政治教育工作中，这种方法可以进行现代转换，变为"要以理服人、以文服人、以德服人"，同时对其增加四个字的要求：真、实、深、活。"真"就是用真理说服人，用真情感染人，用真实打动人；"实"就是做到目标切实、内容确实、方式务实；"深"就是讲透大道理、辨明小道理、批驳歪理；"活"就是激活教育主体，盘活教育资源，用活教育手段等。高校要改进讲授式教学方法，大力推广模拟式、研究式、体验式等现代教学方法，以提高大学生思想政治教育的效率，增加其吸引力和感染力。

二、显性教育和隐性渗透相结合

要创新高校思想政治教育的方法，应当把它的显性方法和隐性方法有机结合、互补，根据大学生的思想实际和具体情况综合加以运用，来扩大其效果。在理念上，高校思想政治教育要做到各种显性的理论、实践教育方法与家庭、社会、单位等多方隐性方式有机结合，使显性方法的直接导向、鲜明影响、快速奏效联系以浸染、弥散、自我教育和内化为特点的隐形方法，以发挥两者融合的最大功效。

---

① 中央编译局. 马克思恩格斯选集（第1卷）[M]. 北京：人民出版社，1956.

在实施上，一是联合、互补、各尽其用，坚持把显性教育方法作为主体使用，使其占据主阵地，弘扬主旋律，发挥正能量；在教育环境、教育氛围、教育文化资源等方面，积极利用隐性方法来补充，使其渗透到公务员工作和生活的方方面面，包括制度建设、文化活动、精神文明建设等，全方位施以影响。二是根据需要来选择差异化和个性化两种方法。在政治路线、政策解读、政治宣传和教育培训以及道德认知等方面，要充分显示教育的优势；在价值观塑造、道德意识培养、道德情感升华、思想状况观察、道德行为选择等多个方面，隐性教育潜移默化的作用能够更好地被大学生接受。值得注意的是，显性方法不能简单地被隐性方法替代，两者各有各的优势，可以互相补充。

三、教育培训和自我教育同构

教育培训和自我教育是思想政治教育两种运行机制不同的表现方法，教育培训是他律，而自我教育是自律。从本质上看，自律是一个人思想发生变化的内因和依据，而他律是条件和前提，他律必须通过自律才能起作用，两者相辅相成、缺一不可。一方面，大学生思想政治水平的提高离不开社会、单位组织、家庭等的长期教育；另一方面，大学生思想政治教育的效果，从根本上要通过自身的思想矛盾运动——学习、内省、慎独来实现。

由此可见，高校思想政治教育方法的现代传承和时代转换，必须实施教育和自我教育同构、他律和自律相结合的教育方法。在高校思想政治教育实践过程中，教育者和被教育者之间必须建立起平等民主、互尊互助互学的现代新型关系，通过双边思想交流和积极参与，调动各自的积极性。在高校思想政治教育培训中，教育者要充分调动受教育者的自主教育意识和自我参与的积极性，可以运用结构化研讨、行动法、小组研讨、情境体验等方法，引导他们自主学习、自我反思和思考、自觉参与，使他们无障碍地快速进入自我教育的领地，最终达到自我教育的目的。因此，教育培训者不能自言自语、自导自演，脱离被教育者，而是要使出浑身解数，去发动和感染受教育者，双方充分展开交流和互动，这样才能使教育培训具有实效性和感召力。在现代科技条件下，网络信息技术和舆论媒体凭借其丰富的信息资源和平等民主的技术理性充当起了教育者的角色，但这个角色所起的作用参差不齐，既可能会给自我教育带来正面的激励，也可能是负面的刺激和影响。

总之，高校思想政治教育的每一项内容都需要在实践中慢慢被教育者接受和认同。高校思想政治教育的对象是具有较高文化素质和阅历的社会栋梁，他们抗拒单一被动的接受型教育方式，会自主选择和接受适合他们的方法。因此，教育者需要合理选择教育方法，并使之渗透进大学生自我教育的范畴中，从他律到自律、由外到内，实现教育与自我教育的结合优化。

第三节　拓展高校思想政治教育的载体

对高校思想政治教育时代性的研究，要跟时代的发展相吻合。科学技术的不断发展进步，给人们的生活带来了便利，同时改变着人们的思维观念和生活习惯。随着社会的发展、时代的进步，人的特点也发生了改变，需求也变得越来越多。高校思想政治教育要实现时代性，就必须对思想政治教育载体进行创新，促进人的全面发展。这就要求高校思想政治教育工作必须适应现代人的特点和要求，改变传统方法中和现代不相符的地方，巧妙地将教育方法与新时代的载体结合。新时代载体包括手机终端、网络传媒（主要有微博、博客）等，其打破了传统的平面传播途径，呈现出立体化、虚拟化、数字化的趋势，如现在在一些高校试点的BBS、"我的易班"等，都通过网络平台建立了人与人直接沟通的桥梁。

在高校思想政治教育体系中，载体处于重要地位。新媒体时代影响着思想政治教育载体的方方面面，并且社会化的趋势越来越突出，思想政治教育主客体及身份出现了多种变化。为了适应新情况和变化，解决新问题，高校思想政治教育工作者应该将跨界思维向理性思维转变，创造覆盖范围广、承载信息多的载体，并且生成"载体合力"。这样，不仅给新媒体时代高校思想政治教育提供了新平台，也充分体现了思想政治教育实效性的迫切要求。

一、高校思想政治教育载体的运行状况

（一）高校思想政治教育载体的内涵及形态

"载体"一词最早出现在化学领域，是指能存储、携带其他物质成分的事物。"载体"在 20 世纪末被引入思想政治教育领域，开始的时候，人们用手段、方法和途径等说法来描述思想政治教育的承载和传播过程的介质，后来在理论研究中出现了"思想政治教育载体"的概念，但只是对载体种类的一个简单描述。随着新媒体时代的到来，学术界开始关注、重视和研究新媒体对高校思想政治教育的影响。目前，对高校思想政治教育载体的研究，大多是围绕基本形态特点、运用创新等主题。

1. 内涵

相对来说，思想政治教育载体是一个较新的概念，人们对它的概念、观点认知不同。有的人说思想政治载体是将教育主体和客体连接起来的桥梁和纽带，有的人说思想政治教育载体是"载体中介"，有的人说思想政治教育载体是一种活动形式，也有的人说这是思想政治教育的基本要素之一。

对于思想政治教育载体的描述，张耀灿这样定义：思想政治教育载体是指在思想政治教育过程中，能为思想政治教育主体所运用，能承载和传递思想政治教育的信息和内容，能促使思想政治教育主客体之间相互作用的活动形式和物质实体。从整体看，可以从以下两个方面理解这个概念。

第一，只有以下三个基本条件同时具备才能形成载体。其一，可以让教育者运用和控制；其二，必须能够承载思想政治教育的目的、内容等信息；其三，能够联系主客体，带动主客体互动。总而言之，思想政治教育载体所具有的特征有中介性、可控性、承载性。

第二，要区分清楚思想政治教育载体和方法的关系。很长一段时间内，人们把它们归到思想政治教育方法论中，并不是当作一个独立的内容去研究，而要处理好它们之间的关系，必须借助载体去运用思想政治教育方法，如辩证法就需要通过辩论类的活动，将这种形式作为载体。另外，载体能传递思想政治教育的信息内容，但方法不能，方法的含义有很多种，通常是指获得某种东西、达到某种目的采取的手段和行为方式，这是两者最大的不同。

2. 形态

在国内外的研究中，存在着不同的分类标准，所以形成思想政治教育载体的基本形态由于分类标准不同而大不相同。学界按照不同的标准，划分出不同的类型，如按照基本物质样态划分为行动载体和语言载体；按照承载物的性质划分为物质载体和精神载体；按历史发展划分为传统载体和现代载体等。虽然出现的形态不同，但它们的缺点是一样的：都是根据载体的外在形式而不是思想政治教育中的主体差异来作为划分标准。所以，将分类从活动主体和方式的差异性方面入手，可分为五大类，分别是大众传媒载体、活动载体、课程载体、管理载体、谈话和咨询载体。总之，对高校思想政治教育载体的形态分类应依据思想政治教育活动的过程。

（1）物质载体。这里的物质载体说的是校园物质载体，如校园建筑设计风格、校园景观、校园生态环境、楼宇道路河流的名字等。高校学生在这样的现实空间环境里学习和生活，会慢慢地适应并接受所传递出来的人文气息。经过历史的积淀，它们具备了文化价值，承载着厚重质朴的大学精神，所具有的潜在教育意义是任何其他方式都无法比拟的。所以，一直以来，高校都特别注重对校园物质环境的建设，希望营造一个健康、积极、绿色、优美的校园生活环境，对大学生道德情操形成正面影响。

（2）课程载体。课堂教学既是开展高校思想政治教育最直接的方式，也是最显著、突出的载体。这里所说的课程载体就是课堂教学，方式就是上思想政治理论课，当然也包括其他专业课程、人文素养课程等，这对大学生有着最权威直接的影响。课程载体有许多突出的特点，比如有相对稳定的载体形式，有明确的教育目标、内容和评价体系，还有制度上的保障等。现在，思想政治理论课在高校开展的课程主要有中国近现代史纲要、思想道德修养与法律基础、马克思主义基本原理概论、毛泽东思想与中国特色社会主义理论概论、形势与政策等，这些都是必修课，是高校教学计划中要求每一位学生都必须掌握的，既是向学生灌输马克思主义基本理论的手段，也是帮助他们树立科学的人生观、世界观、政治观、价值观、道德观和法制观等的主要阵地和渠道。教育的基本理念是"教书育人"，其他人文素养课程和专业课程，在灌输知识的同时也要有意识地将人文素养和科学精神渗透其中。

（3）精神（文化）载体。这里的精神（文化）载体主要指的是校园各种文化类活动，如辩论活动、知识竞赛活动、文体活动和谈话咨询活动，这是高校思想政治教育的过程中传递信息、进行交流的一种精神手段。比如，组织学生参加各种不同的活动，将思想政治教育的内容巧妙地融入活动中，让学生乐于参加，将科学性、趣味性、思想性和娱乐性融入载体的精神文化活动中。通过参加一系列的活动，受教育者能慢慢地被这种氛围感染，渐渐学会对事物的辨别、判断、比较和取舍，获得知识上的拓展，形成积极向上的人格品质，培养团队精神和竞争意识。所以，高校思想政治教育工作者要有计划、有目标、有针对性地开展一些社会实践活动、校园文化活动、青年志愿者服务活动和各种咨询谈话类活动，将精神载体的作用充分挖掘出来，慢慢将其融入大学生生活学习中，提高他们的素养。在思想政治教育过程中，如果不同类型不同级别的文化精神活动载体发挥出了集体的教育作用，在集体的氛围中，受教育者就会逐渐被影响，那么咨询谈话活动就是个体思想政治教育的载体，教育者通过单独谈心、座谈会或者其他的方式，接受受教育者的心理活动、思想和观念，帮助他们解决在思想上或者是认识上存在的问题。通过一系列的谈话能将教育内容转变为细致入微的关怀，能够深入谈话对象的内心深处，让他们打开心扉，碰触到内心最柔软的地方。

（4）管理（制度）载体。陈万柏认为，管理载体就是"以管理为载体"的意思，是指在管理活动中，思想政治教育内容和管理手段相互结合，以规范人们的行为，调动人们在学习、生活、工作等各方面的积极性，提高人们的思想道德素养。这里的制度载体就是指高校的管理制度，包括管理制度所使用的管理手段、所投射的管理理念和管理体制所体现出来的一系列服务工作。比如，大学生的日常行为管理、教学管理、班级管理等，其特点是：具有一定的强制性和规范性，在教育过程中制度权威和行政威慑力比较突出，教育者主要依据规章制度和组织纪律来应用载体，致力于大学生的日常行为规范的养成，以书面形式或者条文的形式表现出来，具有强制性。管理是一门艺术，也是科学。科学、民主、公平、规范的管理，本身就是在进行一种思想政治教育。在高等院校，诸如学生考试作弊行为反映出来的诚信等一系列问题，通过强化学校的规章制度，提高管理水平，能够得到有效的控制。

（5）传媒载体。传媒载体是指大众传媒向受教育者传播思想政治教育内容，让大学生在享受娱乐的同时，不知不觉受到思想政治教育。传媒载体既包括传统大众传媒，也包括新媒体。传统大众传媒包括杂志、电视、广播、书籍、音像制品、电影等，有着众多的载体形式，给教育者和受教者带来很多选择。就像李普曼所说："我们的'身外世界'即现实环境越来越广阔，人们已经很难直接去亲身体验它、理解它，现实环境已经成为'不可触、不可见、不可思议'的环境。"大众传媒所创造的虚拟的"媒介环境"就是这里所说的环境，人们在这里听到的、看到的、感受到的是已经被处理和演绎过的世界。综上所述，通过大众传媒进行高校思想政治教育有很多优点，其中有两个优点比较突出：一是将思想政治教育的覆盖面扩大；二是思想政治教育的时效性得到了加强。对于现在的大学生来说，他们对现实社会的理解，对所处环境的认知，更倾向于传媒，特别是新兴传媒。大众传媒载体渐渐成了一种教育方式、一个思想政治教育理论研究的热点、一种实践运用的重要载体。

（二）缺失现象在传统思想政治教育载体运行中的体现

高校思想政治教育载体离不开思想政治教育过程。当前，高校思想政治教育载体建设的突出成就有：职业化的队伍建设、人性化的管理、多种多样的形式。但是，由于高校思想政治教育工作者没有正确地认识载体的作用和功能，没有一个清晰的概念，所以在载体的运行过程中出现了一些问题，主要表现为下面五种现象。

第一，对新媒体重视度不够，对其在教育系统中的作用没有一个清晰的认识，导致对新载体形态的挖掘不够。一方面，人们没有想到新媒体是需要一定的技术支持的，并且相关人员的思想观念也需要与时俱进，特别是新媒体客观存在的各种负面影响，对此我们必须要有全面的认识，采取一系列的规避措施，抑制负面影响，使其充分发挥积极作用；另一方面，新媒体由于其传播速度快的特点，检索快捷方便、传播的方式和交互性也多种多样，正在被高校思想教育工作者广泛运用。

第二，盲目跟风。自20世纪90年代开始，人们对思想政治教育载体的研究慢慢增多，渐渐认识到思想政治教育载体的地位，这在一定程度上削弱了高校思想政治教育的实效性。目前，思想政治教育载体在运行过程中被随意使用且有严重的盲目跟风现象，这都是由思想政治教育工作者能力欠缺和载体理论研究落后等原因造成的，严重阻碍了思想政治教育在载体功能方面的发挥。其主要体现在高校老师在新媒体的运用上热衷于以网络流行的话题和视频的方式授课，或只是一味地阅读课件，只传授书本上的皮毛，不做深入扩展，从而使以前行之有效的谈话和咨询方式被各种通信工具所替代，大大削弱了学习效果。

第三，思想政治教育系统是一个开放、整体、动态的特殊生态系统，而非封闭、局部、静态的。作用力明显分散的各种载体的运用，分化了思想政治教育系统的整体性功能。单纯的几次校园文化活动或者思想政治理论课并不能产生明显的效果。明显的分割问题和彼此间缺乏联系及配合导致各载体力量状态自发、散乱，结构分布不合理。例如，课堂教育是目前高校思想政治教育的主要方法，但这种传统枯燥的教学手段，使作为受教育者的学生感觉不到老师的关怀，从而在心里出现抵触情绪，无法取得很好的教学效果。这就需要我们的教育工作集各载体力量之长，形成"载体合力"。

第四，新媒体时代下的传统思想政治教育传媒载体出现盲点。传统媒体较新媒体存在重单向传输轻互动对话、重主流而忽视非主流的倾向，而新媒体时代，人们的选择和需求更加多样，获取的信息也更丰富，这不仅阻碍了传统媒体的影响力，也使其不易被认可和接受。因此，抛开主流和非主流之争，传统媒体应追求自身的品质和受众目标的价值定位。受众群体取舍信息最基本的就是看传播的信息有没有价值，有多高的价值。因为高校同互联网上各种吸引眼球的娱乐节目、虚幻小说、网络游戏相比，思想政治理论教材往往会显得索然无味，导致大学生对其兴趣不大，甚至会有反感情绪，而作为非传统媒体的非主流信息却更受大学生青睐。高校思想政治教育要时刻关注这一现象，重视膨胀的非主流信息对大学生的吸引力。

第五，在市场经济领域中，受媒体信誉度和公信力的影响，高校思想政治教育工作的媒体环境受到考验。当前，商业化蓬勃发展，某些传媒总是缺少一些中肯的观点评论、深度的创意和人性化的活动建设，加之社会责任感和人文精神的缺失，不同程度地出现了低俗、媚俗、庸俗和空洞虚无的现象，不仅损害了自身的美誉度，也使人们对媒体甚至新媒体失去信任。

总之，在新媒体时代，高校思想政治教育的载体在运行过程中主要有三个比较突出的问题：一是新的载体开发利用程度不够；二是载体间的互相协调有问题；三是单个载体能否被有效利用问题。这时，用跨界的思维和发展的眼光系统看待尤为重要，我们必须结合实际，建造合力平台，充分发挥思想政治教育载体的作用。

二、高校思想政治教育载体合力在新媒体时代的产生理路

理路，就是思路或者思想。新媒体时代，高校思想政治教育载体的运行情况不容乐观，对思想政治教育的实际效果产生了影响。因此，在具体的运行过程中，我们要集思广益，综合大家的想法，厘清生成理路，既要积极拓展，寻找新的突破口，充分发掘新媒体平台的作用，善于利用，形成载体合力的平台，又要体现整体性原则，实现载体的整合。

（一）理论支持

系统论和合力论的基本理论为系统发展、载体合力生成道路的形成奠定了基础。

"合力论"是恩格斯晚年提出的重要思想，他指出，"历史是这样创造的：最终的结果总是从许多单个的意志的相互冲突中产生出来的，而其中每一个意志，又是由于许多特殊的生活条件，才成为它成为的那样。这样，就有无数互相交错的力量，有无数个力的平行四边形，由此就产生出一个合力，即历史结果，而这个结果又可以看作一个整体的、不自觉地和不自主地起着作用的力量的产物。每个意志都对合力有所贡献，因而是包括在这个合力里面的"。[①] 这里，"总的合力"不是由某一个要素的单独力量形成的，而是由各个要素经过相互影响、相互作用形成的。任何一个个体的力量，只有存在于力的整体之中，而不是游离于整体力量之外，它们处于彼此互相协调促进的关系之中，最终自己的力量才可以为历史发展的合力所利用。同时，每个个体的力量要素是主观能动的，而非消极被动的，它们对于历史合力有着积极的聚合作用，它们影响着历史合力的大小和性质。因此，历史的发展过程中整体观念非常重要，等同于协调观念，在整体中，社会历史发展的最大合力通过寻找各个力量要素的和谐共处和实现最佳组合。高校思想政治教育可以从恩格斯的"合力论"中得到重要启示，在各种载体形态共同作用期间，高校思想政治教育载体以有机系统的形式形成一个整体，任何游离个体力量都必须包含在整体之中，但个体力量在总合力中也有积极主动的，并不全是消极被动的，它们的大小及其活动方向对总合力的发展和运动起着推动作用。系统内各载体形态的相互作用融合成整体合力的结果，影响着载体的有效运行，整体合力要获得最大效率，必须找到各分力的最佳组合方式。因此，在形成高校思想

---

① 中央编译局. 马克思恩格斯选集（第4卷）[M]. 北京：人民出版社，1995.

政治教育载体合力过程中，系统中所有载体形态因素都具有相互影响的整合作用。我们研究分析各个载体形态个体因素之间的作用，调节和引导它们作用的方向和大小以及它们之间相互作用的规律、机制，能够发挥最大的整体效果和协同功能，促进高校思想政治教育载体系统的良好运转，实现最大合力。

系统论认为，所有系统共同的基本特征是整体性、联系性、动态平衡性、层次结构性、时序性等。系统论把所研究和处理的对象作为一个系统，分析系统的结构和功能，以优化系统为目的，研究系统、要素、环境三者之间的变动规律和相互关系。

系统论的作用是利用系统的特点和规律去控制、改变或者创造系统，使这些特点的存在与发展符合人的目的需要。换句话说，高校的思想政治教育通过系统论得到理论支撑。在构成高校思想政治教育系统的四个重要因素（主体、客体、介体和环体）中，介体的三个组成部分包括内容、方法和载体，它们在思想政治教育中具有不同的作用，并且相互之间有机结合、互相联系，内容是用来传递信息的；教育主客体之间相互作用的手段通过方法实现；载体承载着思想政治教育内容，并促进其传播与交流。在高校思想政治教育运行过程中，载体能够直接协调统一各要素，促进各要素之间的相互作用，成为思想政治教育各种要素之间相互联系的纽带，进而产生较好的总体合力。需要注意的是，载体只有通过作用在物体上所有的力而产生总的效果，即只有通过"合力"，才能发挥出最大的运行效率，这是通过系统论的基本观点、结构观点、联系观点、调控性观点、动态观点和整体性观点得出的。

（二）新媒体为"载体合力"提供了可能性

在打造思想政治教育"载体合力"方面，新媒体和传统媒体比具有明显优势。

第一，新媒体对教育者和受教育者的吸引力更大，能够让他们更积极地参与。现在，只要拥有电脑或手机终端，教育者和受教育者就可以随时随地上网浏览、发表评论、发微信、刷微博、QQ聊天，甚至可以将思想政治教育应用于网络游戏中。新媒体语言的话语优势表现在直观性、简洁性上，由此拉近了教育者和受教育者之间的距离，形成了良好的互动，因此，广义的思想政治教育在全体师生之中变得越来越突出。

第二，新媒体提供了一个先进的平台，促进了高校思想政治教育载体合力的形成。新媒体技术的先进性给群众带来了大量的信息，高校思想政治教育载体的合力在交互性的传播方式和兼容性的传播手段之中运行，有了更广阔的选择空间。新媒体技术为合力的形成提供了便利的技术和信息资源，同时实现了信息平台的共享。比如，思想政治课堂教学，可将先进的多媒体技术应用于传统的讲授方法之中，实现实时的线上线下交流互动，打破了地区之间、国与国之间的限制。

第三，思想政治教育载体合力通过新媒体强大的信息整合能力来实现。新媒体不仅具有强大的信息整合能力，还具有人际传播与大众传播功能。通过"媒体联动"等方式实现资源共享，可快速将信息汇集、传播和扩散。新媒体集音频、视频于一体的网络型信息传播方式，随着宽带网络的普及得到了普遍应用，其中体现新媒体优势的是强大的数据库、精准的信息搜索能力和巨大的视觉冲击力。比如，最美司机吴斌、最美教师张丽莉、汶川地震中的感人事迹等"大爱精神"和民族凝聚力，在新媒体技术的辅助下迅速传递，真善美之举得到广泛赞赏，这些都能瞬间加速载体运行的能力，体现新媒体的力量。

（三）"载体合力"的生成道路及特点

基于以上对当前高校思想政治教育载体运行中的问题探讨，我们发现，新媒体时代高校思想政治教育工作的开展，应该以跨界思维为起点，在实践的基础上，坚持形式多样和统筹协调、以生为本、继承与创新的原则，借助新媒体技术平台，以各项活动为主导，充分发挥各种思想政治教育载体的作用，加强信息资源整合，使之凝聚成强大的"载体合力"。同时，高校思想政治教育工作还要寻找新的载体形式，充分发掘新媒体平台的作用，综合评估新媒体对大学生的影响，将新媒体载体的效应充分发挥出来。

新媒体时代，由于科技的进步，新媒体技术得到了广泛的应用，具体而言，高校思想政治教育"载体合力"的生成道路具有以下特点。

第一，体现了高校思想政治教育主体的可控性。通过新媒体技术做载体，为传统思想政治教育搭建一个可以发挥积极作用的平台。通过制作各类课件、网上访谈讨论以及电子邮件、发帖子、短信、网上聊天、微博微信和博客等媒介的使用，思想政治教育载体可以被教育主体熟练掌握和操作，转化教育客体的思想意识和行为习惯，实现高校思想政治教育的目标。

第二，系统地实现了高校思想政治教育载体的作用。在形式上，根据不同的标准把思想政治教育载体划分为不同的类型或部分。在实施教育过程中，这种区分有着不同的特点，其对政治教育的作用也不同，但是它们是互相关联、不能分割的。通常高校思想政治教育载体以课程载体为主阵地，传媒载体为平台，基石物质载体为基础，制度载体为保障，精神（文化）载体为动力，共同构成一个有机整体，且相互影响、相互作用、缺一不可。

第三，体现了教育者和受教育者之间的平等性。教育者和受教育者可以在新媒体时代的平台上实现共同参与、双向互动、共享所有资源。新媒体的出现与运用，让教育者和受教育者得到了更多的主动权和话语权，同时让受教育者和教育者实现了平等对话。在这个过程中，教育者及时总结和反思，进一步加强与受教育者的沟通，能够激发受教育者的自主性。受教育者在个人的思想意识形成过程中，在双方充分理解、充分信任和尊重的基础上，能够积极主动地学习外部信息，逐步形成互相影响、互相帮助、共同进步的成长习惯。与此同时，多种多样的新媒体形式，包括边界无限、时间无限、容量无限等，为高校思想政治教育主客体提供了更多的话语权和主动权，使教育者和受教育者之间的平等性得以实现。

第四，资源共享性的高校思想政治教育载体。从表面上看，新媒体载体和其他载体是独立的，但实际上，它们密切地连接在一起。在新媒体时代，高校思想政治教育要树立一种载体合力观，以人为中心、以各项教育活动为主导来进行排列和分类，将各种载体的系统性凝聚成强大的"合力"，充分发挥新媒体所具有的海量信息、声情融合、图文结合、传播快速、交流方便等优势。比如，由江苏新闻广播联合南京师范大学、南京大学、河海大学、南京航空航天大学四所大学共同举办的精英辩论联赛，主要在资深新闻媒体评论员或者大学教授和各个高校大学生辩手之间进行，引起了社会的广泛关注，掀起了一轮又一轮的风暴，也得到了人民群众的喜爱。当然，在运行模式中各类载体的运用发挥功不可没，如微博、微信、QQ这些新媒体给大众提供了一个虚拟但却实实在在存在的平台，就很好地实现了资源的共享。

三、新媒体时代高校思想政治教育载体合力的动态形成

在新媒体时代，高校思想政治教育载体合力动态生成的路径，可从以下五个方面入手。

（一）在物质载体和管理载体方面，建立特色网站和导航系统

这里的导航系统包括路径指引和内容检索，通过打造一些特色网站，将学校物质要素（建筑风格、校园风貌）、制度要素（管理与服务）与学生共享。比如，为了向大学生传递大学的文化和精神，在校园网上建立"视频新闻""图片鉴赏"，以直观的视觉展现静态的院校风貌和建筑风格。在点击查看图片的过程中，学生的人生观、价值观和道德情感能够被其直观和超语言性潜移默化地影响，这有利于激励学生的意志，促进其理性思维的形成和修身立德的自觉性养成。

（二）在课程载体方面，打造"教学资源中心和网络教学平台"

课程载体具有很强的稳定性和权威性，这是它与其他载体的区别所在，而教育者有很强的主导性，有一套完整的教学评价系统和科学的体系，这些特点使理

论灌输的作用在沿袭和运用传统的课程载体的运行方式过程中充分发挥了出来，同时，具有新意、效果更佳的理论灌输也通过掌握并运用新媒体技术实现。

第一，创新教学方法和手段。想要更好地解决学生深层次的思想问题，必须用科学正确的理论武装学生，用有一定理论深度的完整系统的课程教育来引导大学生，但这种深层次的理论并不是进行活动就可以完全体现出来的，而要通过课堂教学才能展现出来，用深刻的道理说服学生。思想政治理论课所承担的责任不只是思想政治教育课程载体，专业课的教学可以将思想政治教育内容有机融入传授专业知识中，如在专业课程教育中适时渗透加强团队精神、科学精神、奋斗精神、人文精神及创新思维的内容。传统的填鸭式满堂灌的教学方法很难调动时下思维活跃、思想独特的大学生，他们的需求多种多样，如何调动他们对教育内容的兴趣和激情，是当前教育的核心问题。所以，高校教育者必须不断改革创新思想政治教育理论课的教学方法，应用引导、开放和主动型教学替代封闭、灌输和被动型的传统教学。针对不同的学生身心发展特点、实际需求及所面临的问题，教育者要开展相应的教学和适宜的活动，激发学生的学习兴趣。当然，形式多样、内容丰富的活动是必需的，借助各种类型的教学活动如分组讨论、美文朗诵会、辩论赛等，在充满兴趣、积极思考的氛围中调动学生的积极性，帮助他们掌握所学知识。

第二，思想政治教育内容涉及面比较广，可以借鉴新媒体的影响力，从思想、政治、文化的层面上来设计相应的学习资源内容。比如，将课程载体的设计划分为主干内容设计、辅助内容设计和扩展内容设计，以便能够快速有效地设计；传授核心内容主要由主干内容设计来完成，包括马克思主义基本原理概论、思想道德修养与法律基础、毛泽东思想和中国特色社会主义理论概论、中国近现代史纲要等课程。这些内容可以在网上用不同的形式进行展现，从而化枯燥、抽象为生动、具体使高校思想政治教育的主课堂和主阵地更容易被大学生所接受。可见，精心设计和完善学习内容，让思想政治教育潜移默化地进入网络，以此提高课堂教学的活跃度，可以使所教授的内容迅速进入学生大脑之中。

（三）在校园文化建设方面，丰富拓展校园文化功能

学生是校园文化的主体，和谐健康的校园文化，对于美化学生的行为、净化学生的心灵起着很大的作用。思想政治教育与新媒体之间相互协调影响，通过数字化、信息化、网络化等多渠道建设，来加强和改进大学生思想政治教育。可以说，校园文化氛围在大学生思想政治教育和高校校园文化建设之间的信息回路和资源整合之下，更加活泼生动、健康向上。新媒体背景下，高校文化建设可纳入新媒体文化建设，以此延伸校园文化功能，拓展校园文化内涵。比如，在网上增

加专门表彰优秀大学生先进事迹的内容，在发挥榜样作用的同时，提升学生的人格，从而使校园文化氛围更加浓郁。

（四）在教育者团队建设方面，打造师生信息快捷传递的通道

老师和辅导员的道德和学识以及他们自身的理论水平和个人魅力对受教育者会产生深刻的影响。老师和辅导员通过开设个人空间、撰写博客、讨论话题、上传学习辅导材料等实现传统的咨询活动和谈话的延伸；建立微信群，在网上公开自己的联系方式，保持信息快捷传递，实现与学生的心灵交流，这样才有畅通有序的工作通道。"学高为师，身正为范"是老师和辅导员的作为准则，他们应该从外在树立形象，从内在提升素质，通过经营个人空间和撰写博客文章等方式，不断以自己高尚的道德情操、严谨的治学态度、正确的政治方向和独特的人格魅力影响和带动学生，使学生内心深处激起同样的理性反思和心理体验。

（五）在载体合力的功能拓展延伸方面，高度重视相关媒体平台建设应用

1. 移动媒体的建设

（1）手机媒体建设。手机在新媒体时代展现出独特的传播优势，逐渐发展成为一种综合性媒体。截至2016年6月底，我国手机网民规模为7.1亿，互联网普及率达51.7%，超过全球平均水平3.1个百分点，网民规模连续9年位居全球首位。一般而言，手机媒体最基本、最常用的运用形式包括微信、微博、手机新闻、手机银行、网上购物等。

手机已经成为人际交往的固定工具，它让用户的社交网络变得触手可及。作为手机的忠实用户群体，大学生可以随时随地与好友保持联系，他们经常微信不离线、QQ 24小时在线，每天都在刷朋友圈、刷空间、刷微博。因此，高校思想政治教育工作者应当主动建立专业微信群、开展手机报等，将手机用于大学生思想政治教育中，搭建高校手机微信平台，制作"高校手机报"，将各类信息以群发等形式传递给学生。

现在，很多高校在新生录取时，为每名入学新生配发了"校讯通"手机卡，将每个学生的信息纳入信息服务系统，手机与校园网绑定，加强了学生与学校的沟通，同时为主流价值观念的传播搭建了平台。大学校园的每一个角落都渗透着手机通信，微信、飞信、QQ等成为主流沟通渠道，大学生也早已养成了手机不离身的习惯。另外，现在高校学生都使用具备多媒体功能的智能机，高校可以利用手机的多媒体功能，制作思想政治理论多媒体课件，应用于学生手机上，同时充分利用现代移动通信的技术成果，有针对性地开发手机应用软件系统，专门开

展思想政治理论教育，增强理论教学的吸引力和影响力，提高大学生思想政治教育的时效性。

（2）SNS建设。百度百科上关于SNS建设有三种解释，SNS的全称为社会性网络服务，特指互联网应用帮助人们建立社会性网络的服务，也指社会上现存已成熟并普及的信息载体，如短信服务、社交网站或社交网、社会性网络软件等。

本书中所指的"社交网"是常用的第二种解释，专指建立社会性网络以服务于人们的互联网。比如开心网、朋友网、人人网等，都是社交网络服务网站。构建用户之间的人际网络是这些平台的核心理念，平台用户的网络账号大多是实名注册，强调用户的真实性，要求较高的信息真实度，聚集了传统互联网应用，包括电子邮件、博客、即时通信等，同时还有互动类应用，如微博、社交游戏等，这些都成了互联网新的发展方向，成为人们学习、生活和工作的重要载体。

在高校思想政治教育工作中，教育工作者应该注册自己的实名账号，积极主动地参与大学生聚集的网站的活动，将网站作为个人学习授课、表达思想、收集资料的平台，共享教育资源，交流心得体会，形成教师和学生互动的教育系统，以丰富的内容达到积极引导大学生思想的效果。

（3）即时通信建设。以软件为介质的即时通信，借助文字、图片、声音、视频等多种方式沟通信息，依靠移动通信平台和互联网平台，采用低成本、高效率的综合性通信工具，实现同平台、跨平台信息交流和共享。比如，PC即时通信和手机即时通信是根据装载对象的不同进行划分的，短信是手机即时通信的代表，网易泡泡、网易、盛大、移动飞信、米聊、YY语音、百度、新浪、阿里旺旺、微信等多种应用是网站和视频即时通信的内容。

近年来，即时通信在加强网络之间信息沟通的同时，也将网站信息与聊天用户直接联系起来，它能广泛应用并得到人们喜爱是因为自身接近真实的交流情景以及强大的信息实时交互和群体沟通功能。网站的关注度可以通过网站向用户群及时群发信息，迅速吸引聊天用户，进而提高网站的访问率。截至2014年12月底，我国即时通信用户规模达4.68亿人，比2013年底增长5265万人，年增长率为12.7%。即时通信使用率为82.9%，较上年底增长了2个百分点。

在学生中，广泛使用的是手机短信、飞信、QQ等。总体来看，要发挥这些新媒体的功能作用，应把握好以下两个方面。

第一，要拉近与学生的距离，实行个性化的沟通。高校思想政治教育工作者利用IM，通过多种交流方式，如"一对一、一对多、多对多、多对一"等，既给大学生提供了表达观点和倾诉情感的时间和空间，也拉近了与大学生的心灵距离。思想政治教育工作者可以通过IM与部分存在心理问题的大学生进行交流和沟通，了解他们的现实生活和心理特征，拉近与他们的距离，发现思想问题的根源所在，再通过轻松、友好的交流来纠正他们的认知偏差，引导他们走出误区。

第二，要建立群组，实现群体交流与管理。高校思想政治教育工作者还应该和大学生共建群组，如QQ群、飞信群等。通过群组，可以实现多人交流，也可以进行好友的分类管理，如建立学校群、班级群、学生会干部群、学习小组群等。除了在群内聊天、实现信息及时传递之外，还可以让大家在群空间中使用共享文件、论坛、相册等，实现多种交流。新媒体时代的来临，减少了同学之间的交流，淡化了大学生的班级概念，造成集体荣誉感和社会责任心相对缺乏。在新媒体上利用群组功能建立一个交互性的信息活动平台，可以把集体搬到手机和网络上去。同时，学生在群组里进行交流，可以感受到学校、班集体的力量，体会到同学的友谊和老师的关怀，而且不受时间的限制。这种方式不仅简单快捷，还可以轻松获得良好的教育效果。

2. 校园网建设

新媒体环境下，最直接有效、方便快捷的方式是抢占校园网建设这个新阵地，把校园网打造成为传播先进文化、弘扬主旋律的重要平台，充分发挥校园网网络阵地的作用，使其成为加强高校思想政治教育的重要手段。校园网作为服务平台，为大学生查阅资料、交流经验、共享信息、在线学习、倾诉情感提供了便利，但从功能性质定位分析，校园网能够成为大学生思想政治教育学习的通道，这是校园网具备的另一功能和责任。所以，在进行校园网建设时，需要把握以下六点。

（1）开辟大学生思想政治教育的特色专栏，建设校园网站的子网。思想政治教育只有通过专题性质的网站才能够更好地实现。这是因为专题网站可以专门针对大学生的思想政治教育，引入党的基本理论路线和方针政策等，是引导大学生树立正确的社会主义理想信念，帮助引导他们健康成长的良好途径。

（2）关注学生需求，发挥校园网服务功能。在新媒体时代，高校的主流渠道是校园网，校园网不仅可以发通知、查成绩，还可以对大学生及时进行思想政治教育，这是一个融合思想性和关怀性、知识性和趣味性的平台。大学生可以通过这个平台，获取学习生活所必需的信息，同时充实自己的精神文化生活。

（3）吸引学生主动点击，及时更新和补充信息资源。在新媒体时代，信息以光速发展，校园网需要积极建设和及时补充各类信息，不单单是教学素材、网络课程库，还要针对学生的心理咨询、学习生活、就业指导等，开设各类针对性较强的网络交流平台。同时，高校思想政治教育还要以学生为本，贴近学生的生活，通过网络媒体开展一些能够丰富校园活动的内容，如学术交流、科技交流、艺术探讨、娱乐活动等，方便学生在网上交流；利用校园网拉近师生之间的距离，为师生之间交流互动搭建一个便利的平台。

（4）关注校园网络舆情，正面引导网络舆论。新媒体如此受欢迎是因为它传播的是思想,让受众已经慢慢实现了从被动接受信息向主动接受和参与的转变,并且会评论自己感兴趣的话题,能表达自己真实的想法。所以,高校思想政治教育工作者必须密切关注网上动态,了解大学生思想状况,积极引导校园网的舆论方向,做到理性分析判断,努力消除负面的不良信息,避免对大学生的思想造成消极影响。

(5)发挥学生主体作用,积极投身校园网建设。学生应该积极地参与到校园网的建设当中,因为校园网服务的对象是学生。所以,学校和教师要积极调动学生参与校园网建设的激情与热情,这样既能使校园网建设在学生智慧的推动下向全方位、高层次的方向发展,同时可以通过网络资源来实现对学生更好的思想政治教育。

(6)对校园网进行严格管理,充分运用法律、行政、技术等各种手段。新媒体的管理是复杂多变的,因为新媒体具有极高的开放性、极强的交互性的特点。为防止各种不良信息在校园网上传播,需要科学管理校园网络。高校思想政治教育工作者需要认真学习国家关于互联网管理的各项法律法规、规章制度,运用技术、行政和法律手段,对校园网进行定期整治,最大限度地保证校园网信息的安全健康。

3.搭建"微德育"平台

从哲学角度上来说,"微"即"温暖"或"生命本微"。"微德育"的内涵是很丰富的。微德育,是新媒体时代高校思想政治教育载体功能延伸的新体现。在新媒体时代,大学生关注更多的是具有个性化和草根化的海量信息交互平台,而德育学科的系统性、严谨性和德育理论的高深并不是其关注的焦点。因此,搭建"微德育"平台,既有助于充分体现新媒体功能和价值延伸,也有助于发挥高校思想政治教育载体合力的正能量。当前,"微德育"平台的搭建需要做好以下三点。

(1)搭建"微组织",创造"微平台"。新媒体时代"微德育"需要通过搭建"微组织",对传统组织形式进行变革来实现。因此,建立与"微德育"相对应的微型化组织,是保障学校"微德育"有效进行的重要内容。如将学校的大型活动转化为每个微型组织自主开展的常态性活动;在学校班级这个基层单位中,将学校的常规制度应用到各种小型社团,为每个微型组织建立组织章程,在组织运行过程中建立党团小组,让学生组织可以及时分享快乐体验与经验,发挥"微德育"中的"长尾"力量,创造"微平台"等。另外,"微德育"的应用还可以通过交互式的表达方式、个性化的传播方式、标准化的创作方式、社会化的联合方式、便携式的体验方式和高密度的媒体方式得到支持。比如,"微德育"工作者在专题式维客、教育博客上实现信息共享,引导学生进行对话、问答、交流,或者参与评论和话题讨论，还可以通过技术、标签和简单聚合技术的应用，让大家各尽其能、各取所需、互助协作，就某个话题或某项专题开展讨论与交流。

（2）观察"微现象"，发现"微问题"。意识的提升往往是通过发现问题来提高的，思想政治教育工作者的能力也大多在发现问题的过程中得以体现。"微德育"工作者要善于从"小现象"中捕捉受教育者在学习、生活和思想中的问题，观察学生学习生活等各方面的"微现象"，并分析其原因，迅速找到解决问题的办法，借此提高受教育者的道德水平。比如，食堂中或等电梯时候的不排队、不谦让等现象；情感上的恋爱挫折问题；毁坏公共物品的问题；课堂上的不动脑、不动笔、不动手等问题；宿舍休息时间大声喧哗等问题；生活中的未经允许私拿别人财物等不良行为习惯；心中郁闷无处排解问题；自闭、自残、自杀的倾向；以自我为中心，对集体漠不关心问题；双重人格问题等。这些"小问题""微现象"要求思想政治工作者及时收集整理相关资料，根据受教育者的实际情况，对产生的问题进行分析和判断，并针对不同原因和问题制定出实施微德育的具体举措。

（3）激发"微活力"，打造"微活动"。各种各样的来自基层的校园文化活动和传统的课堂主渠道，对于思想政治教育而言，都是重要的教育载体。但是，现在各种传统活动往往只有少数积极分子，如校系学生会或班级干部及社团人员作为主力参加，这在高等院校已经成为一种普遍存在的现象，大部分学生都是观望态度甚至漠不关心。新媒体时代的特点和它所具有的多种选择性正在悄悄改变着大学生的文化需求，决定活动成败的关键是大多数学生是否得到了锻炼并在锻炼中形成了高尚的品德。为举办好各项"微活动"，我们需要在以下三个方面进行改进。

一是在组织活动上，充分发挥学生的主体作用，确立一切以学生需求为目标的工作理念，对学生进行能力探索，并开展各种不同层次的适合各类学生发展的"微活动"，充实和加强学生线的力量。

二是在活动方法上，扩大参与面，让尽可能多的学生参加到活动中，多组织一些低门槛、大容纳性的活动，有选择性地降低活动的难度。

三是在活动的内容设计上，重视了解学生多层次、多方面的需求，要具有一定的包容性，以正确地引导和整合，增强学生的归属感和主人翁意识，真正体现德育无微不至的关怀。

总之，创造"微平台"是一个新尝试，一个新挑战。需要特别注意的是，在教育定位上，要根据不同学生的发展取向，与他们自身的特点相符合；在教育设置方面，要满足高校学生不同的选择，努力构建微型化的专题教育体系，同时引导学生进行自觉的道德约束，完成不同需求下的"微德育"体验。

当然,在新媒体环境下形成"载体合力",提高高校思想政治教育的实际效果,还存在着技术开发、机制形成、制度保障等更丰富和更深层次的话题,这些都值得高校思想政治教育研究者去关注。[①]

[①] 季海菊.新媒体时代高校思想政治教育研究[D].南京:南京师范大学,2013.

参考文献

[1] 中共中央文献编辑委员会. 毛泽东文集 [M]. 北京：人民出版社，1995.

[2] 中央编译局. 哲学笔记 [M]. 北京：人民出版社，1993.

[3] 中共中央文献编辑委员会. 反对本本主义 [M]. 北京：人民出版社，1975.

[4] 中央编译局. 列宁全集 [M]. 北京：人民出版社，2013.

[5] 中央编译局. 马克思恩格斯全集 [M]. 北京：人民出版社，2006.

[6] 中央编译局. 马克思恩格斯选集（第4卷）[M]. 北京：人民出版社，1995.

[7] 中共中央文献编辑委员会. 邓小平文选 [M]. 北京：人民出版社，1994.

[8] 中央编译局. 恩格斯反杜林论 [M]. 北京：人民出版社，1993.

[9] 中央编译局. 马克思恩格斯全集 [M]. 北京：人民出版社，2006.

[10] 中央编译局. 共产党宣言 [M]. 北京：人民出版社，2015.

[11] 黑格尔. 法哲学原理 [M]. 范扬等译. 北京：商务印书馆，2011.

[12] 陈秉公. 21世纪思想政治教育工作创新理论体系 [M]. 长春：吉林教育出版社，2000.

[13] 杨海龙. 公务员思想政治教育时代性研究 [D]. 北京：中国地质大学，2015.

[14] 张耀灿. 思想政治教育学原理 [M]. 北京：高等教育出版社，2001.

[15] 王德超. 用"三个代表"重要思想引领青年大学生成才之路 [J]. 外交学院学报，2004(1).

[16] 胡红敏. 和谐社会视阈下思想政治教育功能研究 [D]. 乌鲁木齐：新疆师范大学，2010.

[17] 李辽宁. 当代中国思想政治教育意识形态功能研究 [D]. 武汉：华中师范大学，2006.

[18] 陈万柏，张耀灿. 思想政治教育学原理 [M]. 北京：高等教育出版社，2015.

[19] 仓道来. 思想政治教育学 [M]. 北京：北京大学出版社，2004.

[20] 曹书庆. 论德育功能的辩证关系 [J]. 河北大学学报(哲学社会科学

版),1993(s1).

[21] 郑永廷.高校思想政治教育面临的时代性课题 [J]. 中国高等教育,2003(21).

[22] 魏之臣.论思想政治教育的时代性 [D]. 上海：上海师范大学,2011.

[23] 海德格尔.海德格尔选集（下）[M]. 孙周兴译.上海：上海三联书店,1996.

[24] 褚凤英.思想政治教育功能分析的新视点 [J]. 探索,2005(2).

[25] 赵丽芳.新中国成立以来大学生思想政治教育的发展历程及其现状研究 [D]. 天津：天津商业大学,2015.

[26] 魏之臣.论思想政治教育的时代性 [D]. 上海：上海师范大学,2011.

[27] 吕康辉.全球化背景下的思想政治教育有效性研究 [D]. 福州：福建师范大学,2002.

[28] 佚名.大学生思想政治教育发展与创新研究 [M]. 北京：新华出版社,2014.

[29] 高朋敏,王新峰.新时期大学生思想政治教育面临的挑战与对策研究 [J]. 消费导刊,2016(5).

[30] 季海菊.新媒体时代高校思想政治教育研究 [D]. 南京：南京师范大学,2013.

[31]《马克思主义哲学史》编写组.马克思主义哲学史 [M]. 北京：高等教育出版社,2012.

[32] 杨海龙.公务员思想政治教育时代性研究 [D]. 北京：中国地质大学,2015.

[33] 陈传林.试论高校思想政治教育的时代性、规律性和创造性 [J]. 福建医科大学学报 (社会科学版),2004,5(2).

[34] 诺贝特·艾利亚斯.文明的进程 [M]. 王佩莉,袁志英译.上海：上海译文出版社,2013.

[35] 霍姆林斯基.给教师的建议 [M]. 杜殿坤译.北京：教育科学出版社,1981.

[36] 郭大勇.艰苦奋斗教育仍应成为高校思想政治工作的重要内容 [J]. 鸡西大学学报 (综合版),2002(1).

[37] 苏振芳.思想政治教与学原理 [M]. 厦门：厦门大学出版社,2000.

[38] 周从标.全球化背景下思想政治理论教育创新研究 [M]. 北京：中国社会科学出版社,2005.

[39] 张耀灿,郑永廷.现代思想政治教育学 [M]. 北京：人民出版社,2007.

[40] 石书臣.现代思想政治教育主导性研究 [M]. 上海：学林出版社,2004.

[41] 贺才乐.思想政治教育载体研究[M].武汉：湖北人民出版社,2004.

[42] 毕红梅.全球化视野中的思想政治教育[M].北京:中国社会科学出版社,2006.

[43] 周中之,石书臣等.现代思想政治教育理论与实践探微[M].北京：人民出版社,2009.

[44] 张耀灿.思想政治教育学前沿[M].北京：人民出版社,2006.

[45] 王学俭.现代思想政治教育前沿问题研究[M].北京：人民出版社,2008.

[46] 梅荣政,杨瑞.推进马克思主义中国化、时代化、大众化的科学认识[J].思想理论教育,2010(17).

[47] 王昌英.马克思主义时代观研究综述[J].安阳师范学院,2009(1).

[48] 尚鹏飞.实践性、民族性、时代性与中国化马克思主义的创新[J].南京大学学报,2007(6).

[49] 袁银传.马克思主义中国化、时代化、大众化命题解析[J].思想理论教育,2010(13).

[50] 李延生等.新时期增强思想政治教育时代性和有效性的思考[J].扬州工业职业技术学院学报,2006(1).

[51] 赵凯荣.时代性与历史性的辩证统一——马克思主义时代化的基本问题[J].人民论坛,2011(14).

[52] 赵明义.马克思主义时代观和当前我们所处何时代问题研究[J].中共石家庄市委党校学报,2009(2).

[53] 殷国聪.论邓小平爱国主义思想的时代性[J].毛泽东思想研究,2003(5).

[54] 卢丹凤.论现代思想政治教育的特点[J].思想政治教育研究,2008(8).

[55] 叶险明.马克思的"时代观"与知识经济——对"知识经济"的一种时代观梳理[J].马克思主义研究,2003(2).

[56] 李旭炎.高校思想政治教育与推进马克思主义中国化、时代化、大众化[J].高校理论战线,2011(6).

[57] 刘梅.思想政治教育的现代方式——论网络思想政治教育建设[J].河南师范大学学报,2000(2).

附　录

附录一

习近平：把思想政治工作贯穿教育教学全过程（摘要）

全国高校思想政治工作会议于 2016 年 12 月 7 日至 8 日在北京召开。中共中央总书记、国家主席、中央军委主席习近平出席会议并发表重要讲话。他强调，高校思想政治工作关系高校培养什么样的人、如何培养人以及为谁培养人这个根本问题。要坚持把立德树人作为中心环节，把思想政治工作贯穿教育教学全过程，实现全程育人、全方位育人，努力开创我国高等教育事业发展新局面。

习近平在讲话中指出，教育强则国家强。高等教育发展水平是一个国家发展水平和发展潜力的重要标志。实现中华民族伟大复兴，教育的地位和作用不可忽视。我们对高等教育的需要比以往任何时候都更加迫切，对科学知识和卓越人才的渴求比以往任何时候都更加强烈。党中央做出加快建设世界一流大学和一流学科的战略决策，就是要提高我国高等教育发展水平，增强国家核心竞争力。

习近平强调，我国有独特的历史、独特的文化、独特的国情，决定了我国必须走自己的高等教育发展道路，扎实办好中国特色社会主义高校。我国高等教育发展方向要同我国发展的现实目标和未来方向紧密联系在一起，为人民服务，为中国共产党治国理政服务，为巩固和发展中国特色社会主义制度服务，为改革开放和社会主义现代化建设服务。

习近平指出，我国高等教育肩负着培养德智体美全面发展的社会主义事业建设者和接班人的重大任务，必须坚持正确政治方向。高校立身之本在于立德树人。只有培养出一流人才的高校，才能够成为世界一流大学。办好我国高校，办出世界一流大学，必须牢牢抓住全面提高人才培养能力这个核心点，并以此来带动高校其他工作。习近平强调，我们的高校是党领导下的高校，是中国特色社会主义高校。

办好我们的高校，必须坚持以马克思主义为指导，全面贯彻党的教育方针。要坚持不懈传播马克思主义科学理论，抓好马克思主义理论教育，为学生一生成长奠定科学的思想基础。要坚持不懈培育和弘扬社会主义核心价值观，引导广大师生做社会主义核心价值观的坚定信仰者、积极传播者、模范践行者。要坚持不懈促进高校和谐稳定，培育理性平和的健康心态，加强人文关怀和心理疏导，把高校建设成为安定团结的模范之地。要坚持不懈培育优良校风和学风，使高校发展做到治理有方、管理到位、风清气正。

习近平指出，思想政治工作从根本上说是做人的工作，必须围绕学生、关照学生、服务学生，不断提高学生思想水平、政治觉悟、道德品质、文化素养，让学生成为德才兼备、全面发展的人才。

习近平强调，要教育引导学生正确认识世界和中国发展大势，从我们党探索中国特色社会主义历史发展和伟大实践中，认识和把握人类社会发展的历史必然性，认识和把握中国特色社会主义的历史必然性，不断树立为共产主义远大理想和中国特色社会主义共同理想而奋斗的信念和信心；正确认识中国特色和国际比较，全面客观认识当代中国、看待外部世界；正确认识时代责任和历史使命，用中国梦激扬青春梦，为学生点亮理想的灯、照亮前行的路，激励学生自觉把个人的理想追求融入国家和民族的事业中，勇做走在时代前列的奋进者、开拓者；正确认识远大抱负和脚踏实地，把远大抱负落实到实际行动中，让勤奋学习成为青春飞扬的动力，让增长本领成为青春搏击的能量。

习近平指出，做好高校思想政治工作，要因事而化、因时而进、因势而新。要遵循思想政治工作规律，遵循教书育人规律，遵循学生成长规律，不断提高工作能力和水平。要用好课堂教学这个主渠道，思想政治理论课要坚持在改进中加强，提升思想政治教育亲和力和针对性，满足学生成长发展需求和期待，其他各门课都要守好一段渠、种好责任田，使各类课程与思想政治理论课同向同行，形成协同效应。要加快构建中国特色哲学社会科学学科体系和教材体系，推出更多高水平教材，创新学术话语体系，建立科学权威、公开透明的哲学社会科学成果评价体系，努力构建全方位、全领域、全要素的哲学社会科学体系。要更加注重以文化人、以文育人，广泛开展文明校园创建，开展形式多样、健康向上、格调高雅的校园文化活动，广泛开展各类社会实践。要运用新媒体、新技术使工作活起来，推动思想政治工作传统优势同信息技术高度融合，增强时代感和吸引力。

习近平强调，教师是人类灵魂的工程师，承担着神圣使命。传道者自己首先要明道、信道。高校教师要坚持教育者先受教育，努力成为先进思想文化的传播者、党执政的坚定支持者，更好地担起学生健康成长指导者和引路人的责任。要加强师德师风建设，坚持教书和育人相统一，坚持言传和身教相统一，坚持潜心问道和关注社会相统一，坚持学术自由和学术规范相统一，引导广大教师以德立身、以德立学、以德施教。

习近平指出，办好我国高等教育，必须坚持党的领导，牢牢掌握党对高校工作的领导权，使高校成为坚持党的领导的坚强阵地。党委要保证高校正确办学方向，掌握高校思想政治工作主导权，保证高校始终成为培养社会主义事业建设者和接班人的坚强阵地。各级党委要把高校思想政治工作摆在重要位置，加强领导和指导，形成党委统一领导、各部门各方面齐抓共管的工作格局。各地党委书记和有关部门党组书记要多到高校走走，多同师生接触，多次去高校做报告，回答师生关注的理论和现实问题。要加强同高校知识分子的联系，多关心、多交流、多鼓励，善交朋友、广交朋友、深交朋友，多听他们的意见，真听他们的意见。

习近平强调，高校党委对学校工作实行全面领导，承担管党治党、办学治校主体责任，把方向、管大局、做决策、保落实。要加强高校党的基层组织建设，创新体制机制，改进工作方式，提高党的基层组织做思想政治工作的能力。要做好在高校教师和学生中发展党员工作，加强党员队伍教育管理，使每个师生党员都做到在党爱党、在党言党、在党为党。

习近平指出，长期以来，高校思想政治工作队伍兢兢业业、甘于奉献、奋发有为，为高等教育事业发展做出了重要贡献。要拓展选拔视野，抓好教育培训，强化实践锻炼，健全激励机制，整体推进高校党政干部和共青团干部、思想政治理论课教师和哲学社会科学课教师、辅导员班主任和心理咨询教师等队伍建设，保证这支队伍后继有人、源源不断。

附录二

中共中央国务院关于进一步加强和改进大学生思想政治教育的意见（有删减）

为深入贯彻党的十六大精神，适应新形势、新任务的要求，提高大学生的思想政治素质，促进大学生的全面发展，现就进一步加强和改进大学生思想政治教育提出以下意见。

新时代高校思想政治教育面临的问题及解决路径探析

一、加强和改进大学生思想政治教育是一项重大而紧迫的战略任务

1.大学生是十分宝贵的人才资源，是民族的希望，是祖国的未来。目前，我国在校大学生包括本科生、专科生和研究生约有2000万。加强和改进大学生思想政治教育，提高他们的思想政治素质，把他们培养成中国特色社会主义事业的建设者和接班人，对于全面实施科教兴国和人才强国战略，确保我国在激烈的国际竞争中始终立于不败之地，确保实现全面建设小康社会、加快推进社会主义现代化的宏伟目标，确保中国特色社会主义事业兴旺发达、后继有人，具有重大而深远的战略意义。

2.改革开放特别是党的十三届四中全会以来，党中央坚持"两手抓、两手都要硬"的方针，切实加强和改进大学生思想政治教育工作的领导。各地区各部门和高等学校认真贯彻落实中央要求，加强和改进思想政治教育工作，在培养高素质人才，推动高等教育改革发展，维护学校和社会稳定等方面发挥了重要作用。当代大学生思想政治状况的主流积极、健康、向上。他们热爱党，热爱祖国，热爱社会主义，坚决拥护党的路线方针政策，对坚持走中国特色社会主义道路、实现全面建设小康社会的宏伟目标充满信心。

3.国际国内形势的深刻变化，使大学生思想政治教育既面临有利条件，也面临严峻挑战。国际敌对势力与我争夺下一代的斗争更加尖锐复杂，大学生面临着大量西方文化思潮和价值观念的冲击，某些腐朽没落的生活方式对大学生的影响不可低估。随着对外开放不断扩大、社会主义市场经济的深入发展，我国社会经济成分、组织形式、就业方式、利益关系和分配方式日益多样化，人们思想活动的独立性、选择性、多变性和差异性日益增强。这有利于大学生树立自强意识、创新意识、成才意识、创业意识，同时带来一些不容忽视的负面影响。一些大学生不同程度地存在政治信仰迷茫、理想信念模糊、价值取向扭曲、诚信意识淡薄、社会责任感缺乏、艰苦奋斗精神淡化、团结协作观念较差、心理素质欠佳等问题。

4.面对新形势、新情况，大学生思想政治教育工作还不够适应，存在不少薄弱环节。一些地方、部门和学校的领导对大学生思想政治教育工作重视不够，办法不多。全社会关心支持大学生思想政治教育的合力尚未形成。学校思想政治理论课实效性不强，哲学社会科学一些学科教材建设滞后，思想政治教育与大学生思想实际结合不紧，少数学校没有把大学生的思想政治教育摆在首位、贯穿于教育教学的全过程。学生管理工作与形势发展要求不相适应，思想政治教育工作队伍建设亟待加强，少数教师不能做到教书育人、为人师表。加强和改进大学生思想政治教育是一项极为紧迫的重要任务。

二、加强和改进大学生思想政治教育的指导思想和基本原则

5.加强和改进大学生思想政治教育的指导思想是：坚持以马克思列宁主义、毛泽东思想、邓小平理论和"三个代表"重要思想为指导，深入贯彻党的十六大精神，全面落实党的教育方针，紧密结合全面建设小康社会的实际，以理想信念教育为核心，以爱国主义教育为重点，以思想道德建设为基础，以大学生全面发展为目标，解放思想、实事求是、与时俱进，坚持以人为本，贴近实际、贴近生活、贴近学生，努力提高思想政治教育的针对性、实效性和吸引力、感染力，培养德智体美全面发展的社会主义合格建设者和可靠接班人。

6.加强和改进大学生思想政治教育的基本原则是：（1）坚持教书与育人相结合。学校教育要坚持育人为本、德育为先，把人才培养作为根本任务，把思想政治教育摆在首要位置。（2）坚持教育与自我教育相结合。既要充分发挥学校教师、党团组织的教育引导作用，又要充分调动大学生的积极性和主动性，引导他们自我教育、自我管理、自我服务。（3）坚持政治理论教育与社会实践相结合。既重视课堂教育，又注重引导大学生深入社会、了解社会、服务社会。（4）坚持解决思想问题与解决实际问题相结合。既讲道理又办实事，既以理服人又以情感人，增强思想政治教育的实际效果。（5）坚持教育与管理相结合。把思想政治教育融于学校管理之中，建立长效工作机制，使自律与他律、激励与约束有机结合起来，有效地引导大学生的思想和行为。（6）坚持继承优良传统的基础上，积极探索新形势下大学生思想政治教育的新途径、新办法，努力体现时代性，把握规律性，富于创造性，增强实效性。

三、加强和改进大学生思想政治教育的主要任务

7.以理想信念教育为核心，深入进行树立正确的世界观、人生观和价值观教育。要坚持不懈地用马克思列宁主义、毛泽东思想、邓小平理论和"三个代表"重要思想武装大学生，深入开展党的基本理论、基本路线、基本纲领和基本经验教育，开展中国革命、建设和改革开放的历史教育，开展基本国情和形势政策教育，开展科学发展观教育，使大学生正确认识社会发展规律，认识国家的前途命运，认识自己的社会责任，确立在中国共产党领导下走中国特色社会主义道路、实现中华民族伟大复兴的共同理想和坚定信念。同时，要积极引导大学生不断追求更高的目标，使他们中的先进分子树立共产主义的远大理想，确立马克思主义的坚定信念。

8.以爱国主义教育为重点，深入进行弘扬和培育民族精神教育。深入开展中华民族优良传统和中国革命传统教育，开展各民族平等团结教育，培养团结统一、

爱好和平、勤劳勇敢、自强不息的精神，树立民族自尊心、自信心和自豪感。要把民族精神教育与以改革创新为核心的时代精神教育结合起来，引导大学生在中国特色社会主义事业的伟大实践中，在时代和社会的发展进步中汲取营养，培养爱国情怀、改革精神和创新能力，始终保持艰苦奋斗的作风和昂扬向上的精神状态。

9. 以基本道德规范为基础，深入进行公民道德教育。要认真贯彻《公民道德建设实施纲要》，以为人民服务为核心、以集体主义为原则、以诚实守信为重点，广泛开展社会公德、职业道德和家庭美德教育，引导大学生自觉遵守爱国守法、明礼诚信、团结友善、勤俭自强、敬业奉献的基本道德规范。坚持知行统一，积极开展道德实践活动，把道德实践活动融入大学生学习生活中。修订完善大学生行为准则，引导大学生从身边的事情做起，从具体的事情做起，着力培养良好的道德品质和文明行为。

10. 以大学生全面发展为目标，深入进行素质教育。加强民主法制教育，增强遵纪守法观念。加强人文素质和科学精神教育，促进大学生思想道德素质、科学文化素质和健康素质协调发展，引导大学生勤于学习、善于创造、甘于奉献，成为有理想、有道德、有文化、有纪律的社会主义新人。

四、充分发挥课堂教学在大学生思想政治教育中的主导作用

11. 高等学校思想政治理论课是大学生思想政治教育的主渠道。思想政治理论课是大学生的必修课，是帮助大学生树立正确世界观、人生观、价值观的重要途径，体现了社会主义大学的本质要求。要按照充分体现当代马克思主义最新成果的要求，全面加强思想政治理论课的学科建设、课程建设、教材建设和教师队伍建设，进一步推动邓小平理论和"三个代表"重要思想进教材、进课堂、进大学生头脑工作。要联系改革开放和社会主义现代化建设的实际，联系大学生的思想实际，把传授知识与思想教育结合起来，把系统教学与专题教育结合起来，把理论武装与实践育人结合起来，切实改革教学内容，改进教学方法，改善教学手段。要加强对思想政治理论课的宏观指导，采取有力措施，力争在几年内使思想政治理论课教育教学情况有明显改善。

12. 形势政策教育是思想政治教育的重要内容和途径。要建立大学生形势政策报告会制度，定制编写形势政策教育宣讲提纲，建立形势政策教育资源库。国家机关和地方党政负责人要经常为大学生做形势报告。学校要紧密结合国际国内形势变化和学生关注的热点、难点问题，制定形势政策、教育教学计划，认真组织实施。

13. 高等学校哲学社会课程负有思想政治教育的重要职责。哲学社会科学中的大部分学科都具有鲜明的意识形态属性，对于帮助大学生坚定正确的政治方向，正确认识和分析复杂的社会现象，提高思想道德修养和精神境界具有十分重要的作用。要坚持和巩固马克思主义在意识形态领域的指导地位，在哲学社会科学教学中充分体现马克思主义中国化的最新理论成果，用科学理论武装大学生，用优秀文化培养大学生。要发扬理论联系实际的优良学风，发挥哲学社会科学优势，紧密围绕大学生普遍关心的、改革开放和现代化建设中的重大问题，做好释疑解惑和教育引导工作。

要结合实施马克思主义理论研究和建设工程，精心组织编写全面反映毛泽东思想、邓小平理论和"三个代表"重要思想的哲学、政治经济学、科学社会主义、中央党史以及政治学、社会学、法学、史学、新闻学和文学等哲学社会科学重点学科的教材，努力形成以当代中国马克思主义为指导的具有中国特色、中国风俗、中国气派的哲学社会科学学科体系和教材体系。

14. 高等学校各门课程都具有育人功能，所有教师都负有育人职责。广大教师要以高度负责的态度，率先垂范、言传身教，以良好的思想、道德、品质和人格给大学生以潜移默化的影响。要把思想政治教育融入大学生专业学习的各个环节，渗透教学、科研和社会服务各个方面。要深入挖掘各类课程的思想政治教育资源，在传授专业知识过程中加强思想政治教育，使学生在学习科学文化知识过程中，自觉加强思想道德修养，提高政治觉悟。要坚持学术研究无禁区、课堂讲授有纪律，严格教育教学纪律，切实加强教材管理，在讲台上和教材中不得散布违背宪法和党的路线方针政策的错误观点和言论。

五、努力拓展新形势下大学生思想政治教育的有效途径

15. 深入开展社会实践。社会实践是大学生思想政治教育的重要环节，对于促进大学生了解社会、了解国情、增长才干、奉献社会、锻炼毅力、培养品格，增强社会责任感具有不可替代的作用。要建立大学生社会实践保障体系，探索实践育人的长效机制，引导大学生走出校门，到基层去，到工农群众中去。高等学校要把社会实践纳入学校教育教学总体规划和教学大纲，规定学时和学分，提供必要经费。积极探索和建立社会实践与专业学习相结合、与服务社会相结合、与勤工助学相结合、与择业就业相结合、与创新创业相结合的管理体制，增强社会实践活动的效果，培养大学生的劳动观念和职业道德。要认真组织大学生参加军政训练。利用好寒暑假，开展形式多样的社会实践活动。积极组织大学生参加社会调查、生产劳动、志愿服务、公益活动、科技发明和勤工助学等社会实践的内

容和形式，提高社会实践的质量和效果，使大学生在社会实践活动中受教育、长才干、做贡献，增强社会责任感。

16.大力建设校园文化。校园文化具有重要的育人功能，要建设体现社会主义特点、时代特征和学校特色的校园文化，形成优良的校风、教风和学风。大力加强大学生文化素质教育，开展丰富多彩、积极向上的学术、科技、体育、艺术和娱乐活动，把德育、体育、美育有机集合起来，寓教育与文化活动之中。要善于结合传统节庆日、重大事件和开学典礼、毕业典礼等，开展特色鲜明、吸引力强的主题教育活动。重视校园人文环境和自然环境建设，完善校园文化设施，建设好大学生活动中心。加强校报、校刊、校内广播电视和学校出版社的建设，加强哲学社会科学研讨会、报告会、讲座的管理，绝不给错误观点和言论提供传播渠道。坚决抵制各种有害文化和腐蚀生活方式对大学生的侵蚀和影响。禁止在学校传播宗教。

17.主动占领网络思想政治教育新阵地。要全面加强校园网的建设，使网络成为弘扬主旋律、开展思想政治教育的重要手段。要利用校园网为大学生学习、生活提供服务，对大学生进行教育和引导，不断拓展大学生思想政治教育的渠道和空间。要建设好融思想性、知识性、趣味性、服务性于一体的主题教育网站或网页，积极开展生动活泼的网络思想政治教育活动，形成网上网下思想政治教育的合力。要密切关注网上动态，了解大学生思想状况，加强同大学生的沟通与交流，及时回答和解决大学生提出的问题。要运用技术、行政和法律手段，加强校园网的管理，严防各种有害信息在网上传播。加强网络思想政治教育队伍建设，形成网络思想政治教育工作体系，牢牢把握网络思想政治教育主动权。

18.开展深入细致的思想政治工作和心理健康教育。要结合大学生实际，广泛深入开展谈心活动，有针对性地帮助大学生处理学习成才、择业交友、健康生活等方面的具体问题，提高思想认识和精神境界。要重视心理健康教育，根据大学生的身心发展特点和教育规律，注重培养大学生良好的心理品质和自尊、自爱、自律、自强的优良品格，增强大学生克服困难、经受考验、承受挫折的能力。要制订大学生心理健康教育计划，确定相应的教育内容、教育方法。要建立健全心理健康教育和咨询的专门机构，配备足够数量的专兼职心理健康教育教师，积极开展大学生心理健康教育和心理咨询辅导，引导大学生健康成长。

19.努力解决大学生的实际问题。思想政治教育既要教育人、引导人，又要关心人、帮助人。高等学校要从严治教，加强管理，改善办学条件，提高教育教学质量，为大学生成长成才创造条件。要加强对经济困难大学生的资助工作，以政府投入为主，多方筹措资金，不断完善资助政策和措施，形成以国家助学贷款为主体，包括助学奖学金、勤工助学基金、特殊困难补助和学费减免在内的助学体系，帮助经济困难大学生完成学业。要帮助大学生树立正确的就业观念，引导毕业生到基层、到西部、到祖国最需要的地方建功立业。要进一步建立健全大学生就业指导机构和就业信息服务系统，提供高效优质的就业创业服务。通过服务育人、管理育人，把党和政府对大学生的关怀落到实处。

六、充分发挥党团组织在大学生思想政治教育中的重要作用

20．发挥党的政治优势和组织优势，做好大学生思想政治教育工作。高等学校党组织要高度重视学生党员发展的工作，坚持标准，保证质量，把优秀大学生吸纳到党的队伍中来。对入党积极分子要注重早期培养，加强制度建设，严格发展程序，进行系统的党的知识教育和实践锻炼。对大学生党员要加强党员先进性教育，使他们严格要求自己，提高党性修养，充分发挥在大学生思想政治教育中的骨干带头作用和先锋模范作用。

要坚持把党支部建在班上，努力实现本科学生班级"低年级有党员、高年级有党支部"的目标。创新学生党支部活动方式，丰富活动内容，增强凝聚力和战斗力，使其成为开展思想政治教育的坚强堡垒。高度重视研究生党组织建设，切实加强研究生思想教育。

21．发挥共青团和学生组织作用，推进大学生思想政治教育。共青团是党领导下的先进青年的群众组织，是党的助手和后备军，在大学生思想政治教育中具有重要作用。高等学校团组织要把加强大学生思想政治教育工作摆在突出位置，充分发挥在教育、团结和联系大学生方面的优势，竭诚为大学生的成长成才服务。要全面实施大学生素质拓展计划，组织开展丰富多彩的思想政治教育活动。要加强对优秀团员的培养，认真做好推荐优秀共青团员入党工作。要坚持党建带团建，把加强团的建设作为高等学校党建的重要任务。要切实加强团的组织建设，选拔优秀青年党员教师做团的工作，保证高校共青团组织机构设置和人员配备。要把团干部作为思想政治教育工作队伍的重要组成部分，做好培养、锻炼和输送工作。

高等学校学生会、研究生会是党领导下的大学生群众组织，是加强和改进大学生思想政治教育的重要依靠力量，也是大学生自我教育的组织者。学生会、研究生会要自觉接受党的领导，在共青团指导下，针对大学生特点，开展生动有效的思想政治教育活动，把广大学生紧密团结在党的周围，在大学生思想政治教育中更好地发挥桥梁和纽带作用。

22．依托班级、社团等组织形式，开展大学生思想政治教育。班级是大学生的基本组织形式，是大学生自我教育、自我管理、自我服务的主要组织载体。要着力加强班级集体建设，组织开展丰富多彩的主题班会等活动，发挥团结学生、

组织学生、教育学生的职能。要加强对大学生社团的领导和管理，帮助大学生社团选聘指导教师，支持和引导大学生社团自主开展活动。要高度重视大学生生活社区、学生公寓、网络虚拟群体等新兴大学生组织的思想政治教育工作，选拔大学生骨干参与学生公寓、网络虚拟群体等新型大学生组织的思想政治教育工作，选拔大学生骨干参与学生公寓、网络的教育管理，发挥大学生自身的积极性和主动性，增强教育效果。

七、大力加强大学生思想政治教育工作队伍建设

23.思想政治教育工作队伍是加强和改进大学生思想政治教育的组织保证。大学生思想政治教育工作队伍主体是学校党政干部和共青团干部，思想政治理论课和哲学社会科学课教师，辅导员和班主任。学校党政干部和共青团干部负责学生思想政治教育的组织、协调、实施；思想政治理论和哲学社会科学课教师根据学科和课程的内容、特点，负责对学生进行思想理论教育、思想品德教育和人文素质教育。

24.完善大学生思想政治教育工作队伍的选拔、培养和管理机制。按照政治强、业务精、纪律严、作风正的要求，坚持专兼结合的原则，研究和制定加强高校思想政治教育工作队伍建设专门人才。实施大学生思想政治教育队伍人才培养工程，建立思想政治教育人才培养基地。选拔推荐一批从事思想政治教育的骨干进一步深造，攻读思想政治教育相关专业的硕士、博士学位，学成后专职从事思想政治教育工作。

八、努力营造大学生思想政治教育工作的良好社会环境

25.全社会都要关心大学生的健康成长，支持大学生思想政治教育工作。宣传、理论、新闻、文艺、出版等方面要坚持弘扬主旋律，为大学生思想政治教育营造良好的社会舆论氛围，为大学生提供丰富的精神食粮。要坚持团结稳定鼓劲、正面宣传为主，反映高等学校思想政治教育工作的先进典型和优秀大学生的先进事迹。各类网站要牢牢把握正确导向，主动承担社会责任，积极开发教育资源，开展形式多样的网络思想政治教育活动。重点新闻网站要不断改进创新，切实增强吸引力和感染力，在大学生思想政治教育中发挥导向作用。

26.各级党委和政府要为高等学校创建良好的育人环境。要把优化校园周边环境作为推进社会主义精神文明建设的重要任务，结合城市改造和社区建设搞好规划，加强综合治理。要依法加强对学校周边的文化、娱乐、商业经营活动的管理，坚决取缔干扰学校正常教学、生活秩序的经营性娱乐活动场所，严厉打击各

种刑事犯罪活动，及时处理侵害学生合法权益、身心健康的事件和影响学校、社会稳定的事端。

九、切实加强对大学生思想政治教育工作的领导

27.各级党委和政府要从战略和全局的高度，充分认识加强和改进大学生思想政治教育的重大意义，把"培养什么人""如何培养人"这一重大课题始终摆在重要位置，切实加强领导。要弘扬求真务实精神，及时研究解决涉及大学生健康成长和切身利益的实际问题。制定有关政策法规，不仅要有利于经济和各项事业的发展，而且要有利于大学生的健康成长。要建立健全党委统一领导、党政群齐抓共管、有关部门各负其责、全社会大力支持的领导体制和工作机制，形成全党全社会共同关心支持大学生思想政治教育工作的强大合力。教育部要对全国高等学校大学生思想政治教育工作统一规划、组织协调、宏观指导和督促检查。各地负责高校思想政治工作的部门，要切实负起责任。各有关部门要主动配合，共同做好大学生思想政治教育工作。要重视和加强民办高等学校党的建设和大学生的思想政治教育。

28.高等学校要充分发挥大学生思想政治教育主阵地、主课堂、主渠道作用。要把大学生思想政治教育摆在学校各项工作的首位，贯穿教育教学的全过程。要建立和完善党委统一领导、党政齐抓共管、专兼职队伍相结合、全校紧密配合、学生自我教育的领导体制和工作机制。高等学校党委要统一领导大学生思想政治教育工作，经常分析大学生政治思想状况和思想政治教育工作状况，制订思想政治教育的总体规划，对大学生思想政治教育做出全面部署和安排。校长要对大学生德智体美全面发展负责，把思想政治教育与教学、科研、社会服务工作结合起来，同时部署，同时检查，同时评估。学校各部门要明确各自责任，密切协作，切实完成相应任务。学校基层党团组织要认真履行学生思想政治教育的职责，把加强和改进大学生思想政治教育的各项任务真正落到实处。

29.不断完善大学生思想政治教育的保障机制。要建立健全与法律法规相协调、与高等教育全面发展相衔接、与大学生成长成才需要相适应的思想政治教育和管理的制度体系。要加大大学生思想政治教育工作的经费投入，教育行政部门和学校要合理确定思想政治教育工作方面的经费投入科目，列入预算，确保各项工作顺利开展。学校要为开展大学生思想政治教育工作提供必要的场所与设备，不断改善条件，优化手段。要把大学生思想政治教育工作作为对高等学校办学质量和水平评估考核的重要指标，纳入高等学校党的建设和教育教学评估体系。

30.加强大学生思想政治教育科学研究工作。各级宣传和教育行政部门要组

织专家学者积极开展科学研究，为加强和改进大学生思想政治教育提供理论支持和决策依据。各地哲学社会科学规划工作领导部门要把大学生思想政治教育重大问题研究列入规划。各级高等学校思想政治教育研究会等学术研究机构和团体要加强自身建设，发挥在大学生思想政治教育科学研究、决策咨询、工作指导等方面的重要作用。